地域とともに歩む
子育て支援

いつ、どこで、誰が、
なにを支援するか

平野 恵久
Hirano Yoshihisa

明石書店

はじめに

　この本は地域でおこなわれている「子育て支援」の全体像を明らかにすることから始めた。そのためには主に子育て支援をおこなっている現場に足を運び、親が求めている子育て支援とは一体何かを第一線で支援している立場の方へのインタビューを通じて書き記している。そしてもう一つはその中の幾人かの方にインタビューの終わりに、「子育て支援とは何か、その思い」を語ってもらったことである。さらに、子育て孤立状態にある親の気持ちについては第4章にアンケート結果と支援者との鼎談で赤裸々な実態を記した。最後に終章として取材から得た現状等について私なりのコメントを加えた。
　したがって、この本は保育士養成課程の教科として保護者支援や保育計画、保育の仕方を中心に学ぶ「子育て支援」とは異なる。
　かつて子育て支援と言えば保育園や児童養護施設、乳児院で親に代わって子どもを一定の時間または期間、養育することを主に指していた。今から10年程前に私が厚生労働省のデータに基づいて調べたところ、児童養護施設がおこなっている本務以外の地域における子育て支援と言えばメインはショートステイでありトワイライトステイであった。
　ここで取り上げる子育て支援は、いわゆる地域子育て支援拠点事業ばかりでなくそれ以外の幅広い分野も視野に入れている。
　私の住んでいる地域の保育園や認定こども園では、いわゆる親子で自由遊びができる機会（ひろば事業＊等）を設けるだけでなく、さまざまな子育てに役に立つ行事の案内が通りに面して掲示されている。また、子育て支援センターなどではホームページで月間行事予定等を掲載し参加を呼びかけている。さら

＊園庭や園内、児童館の施設等を親子に開放して自由な遊びと他の親子たちとの交流ができる機会を設ける事業、基本的には保育士などの指導の下におこなうのではない。

にSNSやオンラインでの利用も可能としているところがある。そして、子育ての「出前サービス」、いわゆる訪問支援といったアウトリーチによるきめ細かなサービスも始まってきた。これらの事業の多くは、就学前の子ども（特に0～3歳児）を持つ親子を対象としたものであり、現代では子育て支援にさまざまな団体や施設が参入している。

　子育て環境は私が生まれてからの戦後75年の間に大きく変貌した。

　かつて三世代同居の大家族時代は、子どもが生まれると母親だけが子育てをおこなうのではなく、お姑さんや小姑たちが子育ての仕方を教えたり、手伝うのが当たり前のようにおこなわれていた。また、井戸端会議では先輩の母親たちから色々な子育てについてのアドバイスを受けることができた。近所づきあいがあったからである（戦時中の隣組のつながりが残っていた）。

　周知のとおり、核家族化の進行と地域のコミュニティの崩壊、その結果としての子育ての孤立化。晩婚化による晩産化。そして子どもはかつて家計を支える労働力であったが、産業構造の変化にともない、第三次産業中心、ICTやAIなどのさまざまな情報通信の発達、そして産業のグローバル化の時代になって資格や高度な知識技術が必要な社会となってきた。こういった状況の中で生活していくためには、我が子に少しでも高度な教育を受けさせ資格を取らせ社会に送り出すことが、親の使命となった。そこにかかる費用は馬鹿にならない。

　子どもは、多く産んで家のために働き、親の老後の面倒を見るという「生産財」から多額の教育費がかかり家計を圧迫する「消費財」へと変貌していったのである。家族共同体は必要なくなった。まさに子どもは親にとって老後の面倒を見るあてにはならず、家業を継ぐあてにもなっていない。高等教育を受けさせた（受験戦争を勝ち抜き一流大学に入学した）という親の見栄にすぎなくなっている。しかしその一方では、ヤングケアラー、ダブルケア、子どもの貧困、子どもの居場所、外国籍や外国にルーツを持つ子どものいる家庭が今や問題となっている。そして、社会的養護・養育の支援を必要とする子どももいる。

はじめに

　「とも育ち」とはよく言ったものだ。かつて私の子どもの頃よく使われた言葉で、きょうだいが多かった時代は上の子が下の子の面倒を見る、そうすることが当たり前だった。食卓ではご飯やおかずが他のきょうだいよりも少ないといってけんかになる、きょうだい喧嘩は日常茶飯事で誰も驚かない。そんな中で子どもたちは人間関係のイロハを学び、たくましく育っていった。

　言うことを聞かないと人前でも平気で子どもを叱りつけ、なかには叩く親もいた。現代では虐待の疑いがあるとして児童相談所に通報されかねない。子どもの権利擁護が大切にされる一方、子どものしつけは保育園や幼稚園、学校に丸投げする親もいる。

　今、子どもの頃、きょうだい間で切磋琢磨して育った経験を持たなかったり、実家の親や0歳児保育、ベビーシッターに頼った人が今度は子どもの実家の親やお姑さんになっている。したがって、相談しても体験に基づいたアドバイスがもらえないばかりか批判や考え方ばかりを押しつけてくる。また支援を求めても働きに出ている、あるいはその親の介護があって、とても相談ができる状況ではない、そして「井戸端会議」もなくなったという状況にある。このため母親学級、両親学級はもちろんのこと初孫学級を設けている自治体も珍しくない。これに代わって現代は、公園デビューから始まり、ママ友同士の情報交換になり、子育て相談はコロナの影響もあり、SNSであったり、オンラインでの参加、近所の幼稚園や保育園の子育て支援行事や子育て支援センターや子育てサロンに参加することに代わった。そしてママ友や口コミで広がった情報から子育て支援機関のショッピングや使い分けをおこなう人もいる。また、多様化する家族形態のニーズに合わせて新しい子育て支援も必要になってきている。しかし、かつてのように身近にいて子育てをともにおこなってくれる環境ではなくなった。これに対し支援する側は、そのニーズに合わせた子育てメニューをそろえなくてはならない。今後はただ単に「子育て広場」や「集いのひろば」を提供するだけではニーズを満たすことはできないだろう。

地域とともに歩む子育て支援
いつ、どこで、誰が、なにを支援するか

目　次

はじめに　3

序　章 …………………………………………………………………… 11

第1章　子育て支援に至る歴史
　　　　──子育て支援は児童保護から始まった ………………… 15

第2章　さまざまな子育て支援活動を訪ねる ………………… 29
　1　子育て支援センター　30
　　（1）子育て支援センターいわつき　30
　　（2）子育て支援センターにし　32
　　（3）子育て支援センターみぬま　38
　　（4）デイステイ──親子の居場所としての子育て支援　40
　　（5）東京都港区立子ども家庭支援センター　41
　2　子ども食堂　43
　　（1）じおんじ子ども食堂　43
　　（2）こども食堂らいおんの会　46
　3　社会福祉協議会及びその他の団体の子育て支援　48
　　（1）さいたま市社会福祉協議会岩槻区事務所と地区社会福祉協議会　48
　　（2）東京都北区社会福祉協議会　51
　4　病児保育──南平野クリニック病児保育室「ピュア」　55
　5　子どもの医療型短期入所施設「南平野クリニック」　57
　6　幼児教育・保育の多機能化施設　58
　　（1）大京学園こども相談支援センター・
　　　　大京学園こども子育て支援センター　58
　7　多文化共生を意識した子育て支援の取り組み　60
　　（1）子育て支援センターにし　60
　　（2）群馬県太田市教育委員会主催によるプレスクール　61

第3章　新たな子育て支援への模索
　　　　──社会的養護施設による取り組み ……………………… 67
　1　地域支援を模索し高機能化・多機能化に挑戦する
　　児童養護施設　72

(1) あゆみ学園　72
　　　(2) 子供の町、エンジェルホーム　78
　　　(3) 児童養護施設江南　84
　　　(4) 児童養護施設いわつき、いわつき乳児院　90
　　2　乳児院から乳幼児総合支援センターへ　98
　　　(1) いわつき乳児院での子育て支援等　99
　　　(2) 二葉乳児院の「地域子育て支援センター二葉」　100
　　　(3) 「乳児院さまりあ」と里親フォスタリング事業　105

第4章　子育て支援のこれから　111

　　1　電子母子手帳、オンライン子育て支援、SNSによる
　　　子育て情報　112
　　　(1) 電子母子手帳、子育てアプリを使った子育て支援　112
　　　(2) オンラインによる子育て支援　113
　　　(3) SNSによる子育て情報　118
　　2　伴走型の子育て支援へ　119
　　　(1) 母子一体型ショートケア事業——大田区での取り組み　119
　　　(2) 産前教育・産後ケア事業
　　　　　　——港区、越谷市、春日部市の取り組み　121
　　　(3) 家庭訪問型子育て支援——ふじみ野市、長瀞町、二葉乳児院、
　　　　　ホームスタート・こしがやの取り組み　125
　　3　いのちの教育、いのちの授業　145
　　　(1) 春日部市立緑小学校での取り組み　146
　　　(2) 春日部市立春日部南中学校での2つの取り組み　146
　　　(3) 保育園での小中高生の子育て体験と出産前の親教育　148

終　章　151

あとがき　171
参考文献・資料　173

序章

○少子化対策と子育て支援

　令和6年6月6日にメディア各社は、少子化が一層深刻化していることを報じた。令和5年の合計特殊出生率は全国では1.20で統計を取り始めた1947年以降最低となり、東京都はついに0.99と1を割り込む結果となった。出生数も72万7,277人と最低となり少子化の流れをくい止めることができない。もともと子育て支援は少子化対策をおこなうために始まったものである。しかし、親は少子化対策のために子どもを産み育てているのではない。したがって、保育園を増やしたり、働き方改革をしても、出産手当を支給したり扶養控除を大幅におこなっても少子化の流れは容易にくい止めることはできないことはすでに証明されている。男性は社会に出て働き一家を養う、女性は家事・育児に専念するという固定観念はなくなり、自分の自由意思により社会で自己実現を果たすことが性別にかかわらず可能となった。このため結婚し家族を持つことによる一定の制約が負担と感じる若者世代が増えてきたのも現実である。しかし、子どもを産み育てることは大変だけれども、家庭を持ち、家族が増えていく楽しみや子どもを育てることによる生きがいを感じる若者世代が育っていかなければ少子化対策は効果を発揮できない。価値観の変化が求められる。そのためには大家族に代わる新たな子育て支援の仕組みや子育てサポーターが身近にいる必要がある。つまりハードも必要だが肝心なことはソフトなのだ。したがってソフトから始まってその必要性を踏まえたハードなのである。しかし、その方法を見つけ、実現していくことは簡単ではない。

　この本では子育て支援をおこなう団体や施設は「子育て支援」の実践を本務とは別に、あるいは本務としてどのようにおこなっているのか、そして、どのような新たな取り組みを始めているのかをみていく。そこで現代において、親は子育て支援に何を求めているのかを子育て支援をおこなっている現場の人々を通じて明らかにしていくこととする。

○**近未来の国のあり方と「子ども未来戦略」を受けて**

　前述したように我が国はこれまで少子化対策を次々に打ち出したものの、効

果を上げることはできなかった。その責任は政府ばかりではなく国民自身にもある。国が実施すべき優先課題はとにかく経済であり、コロナで攪乱された経済の立て直しと景気の浮揚施策、物価高対策と生活に見合った賃金の上昇である。これに対して少子化対策にほとんど関心を持たなかった。我が事のように捉えることをせず他人事のように思っている。子どもができて始めて気がつく。この期に及んでも国民は目覚めていない。近未来に生産年齢人口が落ち込み、政治、経済、社会の活力が低下してどうしようもなくなったときでないと本気になれないのではないか。このとき、この国のあり方を移民国家とするかどうかを問う重大な局面を迎えるであろう。

　政府は令和5年12月22日に「『こども未来戦略』～次元の異なる少子化対策の実現に向けて～」を発表した。そして、「『日本のラストチャンス』2030年に向けて」として、冒頭、少子化は、「我が国が直面する、最大の危機である」と危機感をあらわにした。

　そして、こども・子育て政策の課題として、
　（1）若い世代が結婚・子育ての将来展望を描けない。
　（2）子育てしづらい社会環境や子育てと両立しにくい職場環境がある。
　（3）子育ての経済的・精神的負担感や子育て世帯の不公平感が存在する。
と指摘し、これに対して政府は3つの基本理念を次のように示した。
　（1）若い世代の所得を増やす。
　（2）社会全体の構造意識を変える。
　（3）すべてのこども・子育て世帯を切れ目なく支援する。

○**現代の子育て支援へのアプローチ**
　この3つの理念は具体的な施策を実行することによって始めて少子化対策は実現可能となるものである。この本ではタイトルに則って特に基本理念の（3）を中心に取り上げ、そのうえで（2）を考えていく。この中で、「これまで支援が比較的手薄だった、妊娠・出産期から0～2歳の支援を強化し、妊娠、出産、育児を通じて、すべての子育て家庭の様々な困難・悩みに応えられる伴

走型支援を強化するなど、量・質両面からの強化を図ること」及び「貧困の状況にあるこどもや虐待を受けているこども、障害のあるこどもや医療的ケアが必要なこども、ヤングケアラー、社会的養護の下で暮らすこども、社会的養護経験者（ケアリーバー）、ひとり親家庭のこどもなど、多様なニーズを有するこども・若者や、これらのこどもの家庭に対してよりきめ細かい対応を行うこと」の2つのテーマを子ども未来戦略では指摘している。このことを踏まえて、限られた中ではあるが子育て支援の歴史的経過を追いながら子育て支援の原点はどこにあるのか、現代の子育て支援はどんなところでおこなわれているのか、誰がその役割を担っているのか等、さまざまな子育て支援を取り上げる。また子育てを親に代わっておこなってきた既存の社会的養護施設は今、子育て支援にどう取り組んでいるのか、あるいは取り組もうとしているのかについても事例を通じて伝えていく。

　そして、それぞれの事例を整理していく中で新しい子育て支援のあり方をクローズアップしていく。なお、事例をよりわかりやすくするために本書では私の撮った写真を画像として取り入れ、取材先からの提供によるものと合わせて190枚以上掲載して子育て支援の「見える化」に努めた。また、さまざまな機関や団体、施設等への直接取材のほか、電話やメールによる取材もおこなった。その期間は令和5年11月から令和6年9月までの間におこなったものである。

第1章

子育て支援に至る歴史
——子育て支援は児童保護から始まった

○家庭に代わって子育てをした戦前の児童保護施設、戦後の児童相談所、児童館は地域における子育ての出発点であった

　我が国の社会的養護施設の成立過程をたどってみると、その代表的なものの一つが東京の養育院である。

　明治政府は、文明開化、富国強兵、殖産興業を優先し、これに国費を投入したかった。しかし、ロシア皇太子の来日に備えて、先進諸国に対する外交的体面を取り繕うため、窮民収容施設の中に児童保護施設が急遽つくられた。場所は本郷、巣鴨、板橋を転々としていた。

　収容理由についてみると、大正3年（1914年）の入所者は窮民394人、行旅病人1,356人、棄児504人、遺児138人、迷子140人、感化生256人の計2,788人となっている。

　また、大正4年8月1日現在の「収容者年齢調査票」によると、窮民390人、行旅病人1,302人、棄児544人、遺児134人、迷子103人となっている。また、この統計では年齢別に計上しており、窮民や行旅病人のうち13歳以下の窮民は154人、行旅病人は343人であり、年少児や幼児の保護率がいかに高いかがわかる。

　当初は混合収容であったが、後になって教護児や虚弱児を分類収容するとともに、高齢者も児童とは別に収容する形態を採用した。

　これに対し、公的機関が機能していない当時の制度の欠陥を補ったのが民間の篤志家などによる施設である。多くは個人の私財を投じてつくられたが、支援する団体からの寄付などに頼らざるを得ない状況であった。そして「孤児院」、あるいは「育児院」と呼ばれる児童保護施設は全国各地につくられた。

　大正9年に発刊された「日本社會事業年鑑」（大原社会問題研究所）によると「棄児、迷児、孤児、貧児の如き扶助を要すべき児童の救護は、古来個人又は為政者に依りて種々の施設が行はれ、我が邦においては古き救済事業の一つである。現在においても其の種児童の保護事業は、社会事業中最も多数を占むるものにして現今133の多数に達して居る」とある。

　これらの施設の創設の多くは個人立もあったが、仏教関係の団体や僧侶、信

仰者などによるものも多い。また、一部にはキリスト教団体が設立しているところもあり、なかには欧米の団体から直接支援を受けているところもあった。

　施設設立のパターンとしては、こういった篤志家が孤児や貧児を家庭に受け入れたり、収容場所を別に確保する、当初から施設をつくって収容するなど、さまざまであった。次第に収容児童が増えることで、補助金の受け入れ、寄付金などを集めながら、建物を別につくり、財団、社団の法人格を取得するなどにより施設としての形態を整えていった。施設が地域から受ける支援で忘れてはならないのは、寄付や行政からの財政支援である。

　また、幼児については、地域の家庭に里子として委託する例もみられ、現在の児童養護施設に該当する育児施設（児童保護施設）をみると就学未満児についてはいくつかの施設において地域の「里親預け」をおこなっていたり、小学校を卒業すると地域の職親に委託し職業訓練をおこなっていることが見受けられる。また、開墾作業に子どもを駆り出すこともおこなっていた。つまり、地域との交流は今よりむしろ盛んであったのではないか。

　学齢児になって引き取り、小学校に通学させ、また、卒業とともに、男子は農業見習いや職工、女子は裁縫、刺繍、編物などの技術を身に付けさせた。なかには、作業を通じて施設の収入を得ることに児童を使っているところもある。また、成績優秀者は高等教育を受けさせる機会を与える施設もあった。これらの施設の多くは、育児単独であるが、養老、窮民救助等の部門を併設しているところもあった。地域との交流を盛んにおこなった代表的な施設として福田会育児院と岡山孤児院が挙げられる。

　さらに、昭和2年10月に刊行された「全国社会事業名鑑」によると、「育児」（児童保護施設）は全国（海外の占領地を含む）で140か所となっている。

○戦後、子どもを預かる社会的養護施設は措置制度により地域から切り離されていった

　戦後、児童福祉法の施行に伴い保育園を含め、さまざまな児童福祉施設が児童福祉法の中に規定された。公立施設は本来、自ら弱者を保護するべきもので

あるが、現実的には公立施設ですべて賄われることは不可能である。憲法第89条において、「公の支配」に属さない民間福祉事業（慈善、博愛、教育）に対する公的支出が禁止された。そこで「公の支配」に属する民間社会福祉事業をつくり、そこへの公的助成を可能とするために、きわめて公共性の高い社会福祉法人がつくられた。そして、施設の運営に関しては措置費が支弁されるという仕組みがつくられた。

措置制度の導入により施設は経営の安定ということでは国や自治体から定期的に措置費が支弁され保証されていったが、一方、国や自治体の監督下に置かれ、次第に地域から切り離されていった。同時に児童福祉施設に入所している子どもは「親が家庭で養育できない何らかの事情のある子」という認識ができていった。

埼玉育児院の理事長羽柴氏（元埼玉県熊谷児童相談所長）も「埼玉育児院後援会通信・第4号響 創立100周年記念号」に「戦後になり国の制度で施設の運営が可能となり、社団法人は解散し社会福祉法人として再出発し、措置費で運用されるようになり地域の方々や多くの支援者との関係も薄くなっていったように思います」と指摘している。

○**措置、措置制度とは何か――措置は行政処分である**

乳児院、児童養護施設に保護者が施設と交渉して子どもを入所させることはできない。

措置とは何か。北場氏によると、「福祉サービスに係る措置は、公権力性（＝行政庁が法に基づき優越的な意思の発動または公権力の行使として国民に対して法的な規制をおこなう行為という性格）は弱いが、行政庁が一方的に決定するという意味で行政処分（＝形式的行政行為）とされる。行政処分としての措置は、行政庁による福祉サービスの給付の決定（＝相手の協力・同意を必要とする処分）である。

同じ「措置」という言葉を使いながら、精神保健福祉法第29条による自傷他害の恐れのある精神障害者を措置入院させるための「措置」は、本人や家族

などの同意はまったく必要とせず、即時強制という形の行政処分によりおこなわれる。これに対して、児童福祉法第27条第1項第3号による措置は親権者（両親がそろっていれば双方）の同意が必要とされている（同条第4項）。措置権を有している者を措置権者というが社会的養護施設に入所させる行政処分を有する者は都道府県知事、指定都市等の長であり、その権限は児童相談所長に委任されている（同法第32条）。

○措置費とは何か——入所にかかる保護者の金銭的負担は必要ないのか

　児童保護措置費・保育所運営費手帳によると、「『措置費』という言葉は、もともと法律上の用語ではなく、行政上用いられている用語であるが、これは児童福祉施設への入所の措置に伴い支払われる経費という意味を表していて、もちろん最低基準を維持するに足りる費用という性格を含んだ意味なのである」としている。つまり措置費とは措置委託費のことである。措置費は事務費（人件費、管理費）、事業費（子どもの生活費、教育費など）からなり、子どもの委託を受ける施設の運営経費に充てられる。措置費は施設からの申請に基づき各年度四半期分ごとに支弁される。

　施設の運営経費の主なものは措置費でまかなわれており、負担割合は国2分の1、都道府県2分の1となっていてこのうち後者の一部については。扶養義務に該当する保護者が前年度の所得に応じて納入する保護者負担金を含んでいる。この負担金は入所理由の如何にかかわらず納入しなければならないが、生活保護世帯、市町村民税非課税世帯のうち単身世帯、母子世帯、在宅障害児者のいる世帯は納入を免除される。ここで問題なのは、措置に当たって親権者の同意、不同意（児童福祉法第28条による家庭裁判所の承認による入所）にかかわらず、保護者負担金の未納状態が継続し時効中断の手続きをおこなわない場合は5年間で時効が完成し不納欠損処分となることである。

○現代の子育て支援の原点は児童相談所と児童館にある
児童相談所
　児童相談所は児童福祉法に定める機関であって昭和22年に法が成立し23年から施行された。法が施行当初からしばらくの間は戦災孤児、浮浪児の保護に追われ法の趣旨である健全育成に手が回らない状態であった。また、スリ、カッパライ、置き引きなどの非行に走る子どもの対応に明け暮れている状態が続いていた。戦後の混乱期がようやく落ち着いてくる中で昭和27年3月に児童相談所運営・実務マニュアルとして厚生省が示した「児童福祉必携」では「児童相談所の果たすべき機能」として児童相談所の取り扱う問題の種類と範囲」が具体的に示されている。
　その中では、
　１　家庭教育一般についての相談
　　　一人っ子、末っ子、おばあちゃん子等甘やかされた子どもの相談、お行儀のしつけについて、子どもの性教育
　２　遊びについての相談
　　　遊びの導き方、おもちゃの与え方、読書相談、ラジオ、映画の見せ方、聞かせ方、子どもに小遣いを与える方法
といった現在の児童相談所では相談の対象にならないような内容が例示されている。
　当時はこういった相談も実際児相に持ち込まれていたのか定かではないが、他に公の子どもの相談機関がなかった時代においてはあってもおかしくなかったものと思われる。
　なぜこのような日常生活で起こってくるような身近な困り事が児童相談所の相談の対象とされたのかは、おそらく、児童の保護、非行の相談が落ち着いてくる中で新しい時代の児童相談について間口を拡げるスタンスをとることで児童相談所への国民の理解を深めたいねらいがあったものと思われる。子どもの健全育成を図る一方の柱として「児童相談所」の存在を確立する必要があったに違いない。

しかし、児相はその後、心身障害児や情緒障害児の相談へと専門生の発揮を求められ、養護相談、非行相談といった他機関では扱われない要保護児童を対象とした相談に特化されていく。そして近年は虐待相談のウエイトが高まっている。

児童館

児童福祉法第7条

この法律で、児童福祉施設とは、助産施設、乳児院、母子生活支援施設、保育所、幼保連携型認定こども園、<u>児童厚生施設</u>、児童養護施設、障害児入所施設、児童発達支援センター、児童心理治療施設、児童自立支援施設、児童家庭支援センター及び里親支援センターとする。

児童福祉法第40条

<u>児童厚生施設は、児童遊園、児童館等児童に健全な遊びを与えて、その健康を増進し、又は情操を豊かにすることを目的とする施設とする</u>と位置づけられている。（下線は筆者）

もう一つの子育て支援の原点は児童館にある。当時は「健全育成」という言葉で包括されていた。まだ三世代同居が当たり前の時代であったから子育て支援という言葉を使う必要がなかった。児童館は歴史的には明治末期から戦後に至るまでセツルメントの児童クラブがその原型となっていた。戦後は、児童福祉法の中に位置づけられた。当時は戦後の貧しく荒んだ地域の中で児童館が子どもたちに遊び場の提供を通じて子どもたちに夢と希望を与えてきた。この条文の中にある「児童に健全な遊びを与えて」という文言に対し「非行少年を立ち直らせる為に健全な遊びを与える、あるいは悪い遊びを覚えないように健全育成の働きかけを行うことで子どもを守る」ことをイメージする方もいるのではないか。

スタートした昭和22年は全国で44か所、公営1か所、民営43か所であったが平成18年10月1日現在では全国で4,718か所、公営3,125か所、民営1,593か所となってピークを迎えたがここ数年は減少傾向にある。実施主体は都道府県、指定都市、市町村、社会福祉法人等である。しかし、乳児院、児童養護施

設等社会的養護施設に比べて話題に上ることは少ない。かつて町中の空き地や私道が子どもの遊び場だったから、児童館など地域によっては必要性は薄かったのである。しかしその後、昭和26年には「児童厚生施設運営要領」がつくられ、児童館運営についての基本方針が定められた。昭和38年には市町村立の児童館について設備や運営について国庫補助がおこなわれることになった。

　児童館の利用は児童福祉法上の施設であるため0歳から18歳に満たない児童が対象となっているが、「児童館の設置運営について」（平成2年8月7日）では小型児童館について主な対象児童は概ね3歳以上の幼児、小学校1〜3年の少年、昼間保護者のいない家庭等で児童健全育成上指導を必要とする学童（この部分は今日、放課後児童健全育成事業いわゆる学童保育が役割を担っている）となっている。現在、活動領域は建物内に限らず、屋外での地域活動やキャンプなど幅広い活動をおこなっている。

○伝統ある児童館でおこなわれている「健全育成」は「子育て支援の波」をどう受け入れていくのか

　児童館の持つ役割は幅広く、近年はさらに多様化しているようだ。たとえば多世代間の交流事業として高齢者との交流、幼児や乳児とのつどいの機会を持たせ人間の育ちとは何かを考えさせるプログラムもおこなわれている。子育て支援センターとの距離が近くなっている。

　利用するためには登録制をとっているところがあり、午前中母子のつどいの時間として子育て支援事業をおこない、午後は主に学齢児の時間として放課後児童クラブ事業や学習支援、仲間づくりについて、また、高年齢の（中高生）青少年を対象とした設備を備えて健全育成を図る「居場所」の役割も果たしている。そして、子育て支援センターでおこなっている事業内容と同じような事業が並行しておこなわれている場合がある。

　そもそも、遊びというものは子どもたちが自発的に活動する中で生み出されるものであって、子どもの中で受け継がれていくものである。大人が遊び方を教えるというものではない。私の子どもの頃を振り返ると、異年齢集団の中で

遊び方（遊びのルールが決められ）が伝承されていった。現代はギャングエイジと呼ばれる小学校中学年を中心とする自発的な子どもの遊び集団がなくなってきている。都市においては遊び場所や自然環境が失われていく中で、児童館が代わって遊び場の提供をおこない、指導できる場としてのポジションを確保している。

　児童館は子どもの遊びについて最も時代の影響を受けているところである。近年、中・高生の居場所として児童館が注目されていて、児童館から児童・若者支援センターへとニーズの広がりがみられる。また、児童館以外にもさいたま市子育て支援総合センターでは若者支援のための相談室が設けられており、東京都中野区の子ども・若者支援センター子ども・若者相談課では若者フリースペースを使った活動や支援のプログラムを実施している（拙著『進化する児童相談所』明石書店、2023年）。

○福祉事務所における家庭児童相談室の設置から現在に至るまでの経緯——個別相談からグループワークへ

　児童相談所では専門的な内容の相談が中心となっていく中で、家庭でのしつけや発達に関する相談の受け皿となったのが昭和39年に都道府県又は市町村の福祉事務所に設置された家庭児童相談室である。ここでは社会福祉主事や家庭相談員が相談にあたることになっている。当時の相談は主に三歳児健康診査精密検診の結果により言葉の遅れをはじめとする発達や情緒の問題を対象としたケースの事後指導として、その役割の一端を担っていた。また、親子を集めて定期的にグループ指導を福祉事務所と児相が一緒におこなったことが厚生省刊行の「児童相談事例集第8巻」に宮城県中央児童相談所の「在宅心身障害児の集団指導訓練」として報告されている。平成16年に児童福祉法の改正があり、厚生労働省は市町村における児童家庭相談の基本を示し、市町村が子育て支援事業を実施し、家庭児童相談に応じることを法律上明確に規定した。その内容は同法第10条に児童及び妊産婦の福祉に関し、必要な実情の把握に努めること、情報の提供をおこなうこと、家庭その他からの相談に応じ、必要な調

査及び指導をおこなうなどが挙げられている。これにより市区町村が児童家庭相談の第一義的窓口として位置づけられた。

○東京都における「子供家庭支援センター」の存在
　児童館は遊びを通じて子どもの健全育成を図る役割を持ち、一方、児童相談所は近年虐待を中心に要保護相談に特化している。そこからこぼれ落ちた育成相談はどこにいったのか。その答えは東京都においては「子供家庭支援センター」が吸収した。
　東京都は平成7年10月に子供家庭支援センター事業実施要綱を定めた。それによると主なものとして、
　1　区市町村における身近な相談機関として子どもと家庭に関するあらゆる相談
　　　への一義的かつ総合的な対応
　2　子育て短期支援事業への対応
　3　子育てグループ等の地域グループの活動支援、ボランティアの育成
　4　ひろば事業及び利用者支援事業の実施
　5　子どもの虐待防止のための相談支援
等をおこなっている。
　このセンターが今まで児相が扱っていた、子どもの言葉の遅れ、発達の問題、しつけ、軽度の情緒障害等の相談を受けるとともに児童虐待通告への対応をおこなっているところもある。東京都のような人口密集地域において深刻な虐待事案が頻発しないのは、早期発見や早期対応をおこなっている児相の第一の役目を子供家庭支援センターが担っているからに違いない。

○「子育て支援」という言葉は国の少子化対策から広まっていった
　1.57ショックのあと国は高齢者福祉10か年戦略を模倣して次々に少子化対策のプランを構築していった。その内容をわかりやすくするため概ね次のように整理しその考え方を示した。なお、必ずしも時系列的になっているわけではない。

図1　子育ての観点からみた少子化対策の大まかな流れ

少子化対策の主な考え方とその流れ
- ①少子化対策は保育対策から
  - 共働き家庭にとっては、保育所を増やすなど保育対策を充実させ子どもを預けて働きやすくすることにより子どもを産み育てやすい環境にする。
- ②一般家庭の子育て支援へ
  - 片働きの家庭にとって、子育ての孤立化は深刻な問題なので、気軽に相談や支援が受けられる環境を整備する。
- ③②とほぼ並行して働き方を含めた国民全体の運動へ
  - 母親だけの子育て問題ではなく、父親も含めた社会全体の問題としてとらえ、働き方を再検討する。
- 就学前の子どもたちが平等に教育や保育を受けられるシステムが必要
- 都市部では保育所不足、幼稚園に定員割れ、同じ年齢の幼児教育、幼児保育を一緒に行うことで多目的な親のニーズを満たすことができ、少子化対策にもつながる。

＊すでに制度化されていた認定こども園についてこの法制度に取り込み、子ども・子育て支援新制度として充実させ、制度、財源、給付を一元化するとともに次の3点を規定した。
・認定こども園、幼稚園、保育所共通の「施設型給付」の設定、及小規模保育、家庭的保育等に対する「地域型給付」の設定
・認定こども園制度の改善
・地域の子ども・子育て支援の充実（13事業、新事業として利用者支援事業）

○新たに始まった子育て支援制度——地域子育て支援拠点事業

　この制度については児童福祉法第6条の3第6項に定められており、ここではこのことを中心に据えて進めていく。

　3歳未満児の約7～8割が家庭内の母子の密着した関係のなかで子育てがおこなわれ、この結果、子育ての孤立化からくる子育て不安やストレスの増大により不適切な養育に陥ることも懸念される。このリスクをなくすために子育て中の親子が気楽につどい、相互交流や子育ての不安、悩みを相談できる場が各地につくられた。

　大きく分けて2つある。地域の様々な空き施設等を利用した「つどいの広場事業」と保育所を利用した「地域子育て支援センター」における子育て支援事業である。これらを整理統合して「ひろば型」、「センター型」、そして既存の

児童館を「児童館型」として地域子育て支援拠点事業としてスタートさせた。

累計変更直前年度では全国5,968か所（平成24年度）、ひろば型2,266か所、センター型3,302か所、児童館型400か所となっており、実施主体は市町村、社会福祉法人、特定非営利活動法人等である。

- **ひろば型**：常設の広場を開設し、親子（おおむね3歳未満の児童、保護者）が気軽につどい、話し合いや相互交流を図る（公民館等）。
- **センター型**：地域の子育て情報の収集・提供に努め、子育て全般に関する専門的支援をおこなう拠点として機能し、ネットワークや子育て支援団体等と連携しながら、地域に出向いた地域支援活動をおこなう（保育園等）。
- **児童館型**：児童館において、学童期の子どもが来館する前の時間等を利用し、親子の交流、つどいの場とする。

平成24年に成立した「子ども・子育て支援法」に基づき、「ひろば型」「センター型」を「一般型」、「児童館型」を「連携型」として再編し、さらに利用者支援、地域支援をおこなう「地域機能強化型」となった。以降各年度の実施か所数の推移は以下のとおりである。

年度	連携型	一般型	合計
平成25	508	5,031（694）＊	6,233
26	597	5,941	6,538
27	684	6,134	6,818
28	743	6,320	7,063
29	818	6,441	7,259
30	876	6,555	7,431
令和元年	904	6,674	7,578
2	995	6,740	7,735
3	1,023	6,833	7,856
4	1,055	6,915	7,970
5	1,053	6,963	8,016

＊平成25年度一般型には別掲で地域連携強化型が計上されている。
出典：令和5年度実施状況　地域子育て支援拠点事業実施状況（こども家庭庁）より筆者引用

第1章　子育て支援に至る歴史

　これを見ると連携型、一般型ともに着実に増加していることがわかり、利用ニーズは高まっているものと思われる。

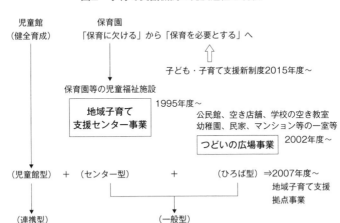

図2　子育て支援機関の発展過程と現状

　以上のような経過をたどりながら子育て支援はおこなわれてきたが、地域子育て支援拠点事業は現在、子ども・子育て支援法第59条に定める「地域子ども・子育て支援事業」に含まれる事業として実施している。本書では、これにとらわれず地域子育て支援拠点事業を含む公的機関、民間団体等でおこなわれているさまざまな事業を紹介することから始めたい。

第2章

さまざまな子育て支援活動を訪ねる

1 子育て支援センター

(1) 子育て支援センターいわつき
○おもちゃや遊具などが豊富で活動スペースが広い——参加する親のスキルを活用する

　東武アーバンパークライン岩槻駅前のWATSU西館の4階にあって、きわめて交通アクセスの良い位置にある。対象児は0歳から2歳となっている。月間の主なプログラムは「ひろば」という親子の自由遊びを主体として季節の行事（クリスマス会など）やお誕生会、赤ちゃんサロンなどで構成されている。

受付カウンター

豊富なおもちゃと遊具類

　午前は9時30分から11時30分、午後は1時30分から3時30分でプレールームにある滑り台や遊具、おもちゃを使って自由に遊べる。事前の予約は必要ないが、初回は利用申込書に子どもの氏名、生年月日、保護者氏名、続柄及び住所等を記入し利用カードを作る。これにより、次回以降の利用は利用カードの提示をすれば、開設時間の範囲でいつでも利用できる。常時2～3名の保育士が対応に当たっているが、親子の遊びの中には基本的には入らないで見守りをおこない、いつでも場面に応じて参加したり、相談に応じている。子育てにつ

第2章　さまざまな子育て支援活動を訪ねる

いて親から幼稚園や保育園の入園手続きや子どもの性格や行動、かんしゃく、トイレットトレーニング、食が細いといった相談を受けることがあるという。

ここの利用の目的の一つには親同士の交流や親子で1日中家の中にいることにより煮詰まってしまう親子関係をここで発散させることに意義があるとのこと。また、たとえば元ダンサーであった親による親子向けのダンス教室、小学校教員歴を持つ親による読み聞かせなど、母親の経歴を指導者として生かしてもらうこともあるという。相談の内容によっては、近くにある保健センターの保健師に相談に乗ってもらうことがあるとのことであった。

(2) 子育て支援センターにし

　多世代、多文化社会を意識したプログラム、また月齢を細かく分ける等、多彩なプログラムを提供する。

○高齢者との交流

　大宮駅からバスで20分ほどのところにあり住宅地に囲まれた静かな環境にある。隣接してさいたま市立三橋西保育園がある。
　センターにし施設長の加藤さんの話ではオンラインプログラムの参加者はコロナ禍の時に比べ減少し、現在は、ほとんど申し込みはないとのこと。やはり対面の参加を選択しているという。
　このセンターではメニューが豊富で特色あるプログラムを取り入れている。さらに「1歳児ランド　1歳以上〜2歳未満」「バブちゃんタイム　1歳3か月未満」「ねんねのあかちゃん　ハイハイ前まで」「みんなのひろば　年齢制限なし」「もぐもぐ教室離乳食」「もぐもぐ教室幼児食」というように、月齢をきめ細かく分けてプログラムを組んでいる。また、「三世代交流」「ケンちゃんじいさんと福話来さん」「世界のことばでこんにちは！」など多彩なメニューも用意されている。
　高齢者との交流では、食育のイベントとして、郷土料理の紹介やおせち料理、お雑煮は地方によってさまざまなのでお互いに紹介し合っている（わかりやすいようにパネルシアターを使用）。敬老の日には似顔絵を描いてもらったり、毎年、年1回3日間コースでおこなわれている「孫育て講座」では、最終

第2章　さまざまな子育て支援活動を訪ねる

日にテーマを決めてクッキングをおこなっている（新・おせち料理、クリスマスメニュー、手打ちうどん・すったて・パン作りなど）。

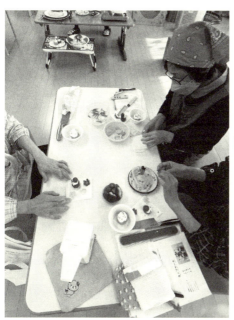

孫育て講座でのクリスマスメニュー、クッキング、デザートづくり

クリスマスメニューの出来上がり

手作りうどんの試食中

○「ケンちゃんじいちゃんと福話来さん」——指人形を使ったり、わらべ歌や紙芝居をみせたり懐かしい日本の遊びを楽しめる

　この企画はオンラインでも参加できるがオンラインの申込みはなかった。やはりコロナが収束した現在では、また以前のような対面での参加を希望される方がほとんどのようである。

わらべうた（いっちく、たっちく）

歌いながらおむすびを握って手遊び

紙芝居

童謡をみんなで歌って終わる

　この日は、地域のボランティアグループ「福話来」から3人の女性スタッフを迎え、まず、指人形を使った手遊び「いっちくたっちく」、わらべうた遊びで「にんどころ」を歌いながら顔の部位を指したり、「おにぎりつくろう」を歌いながらの手遊びをしたり、「芋屋のおっちゃん」を歌いながら相手をくすぐったり愉快な遊び方を披露した。その後は舞台を使用した紙芝居の読み聞かせ、最後は童謡をみんなで歌って締めくくった。現代の子どもは物心つく頃か

らユーチューブやゲームに親しんでいる。それとは対極的にある、受け継がれてきたわらべ歌を歌いながらおこなう遊びや、紙芝居を見るという、まったくのアナログ世界が、子どもや母親にどう受けるのか取材する立場の者として大変興味深かった。おそらく若い母親たちでさえ、わらべ歌の文化に家庭ではほとんど接していないはずである。本居さんをはじめ2人のスタッフはその場の雰囲気を受け取り、わらべ歌の世界を披露していた。このイベントはこちらのセンターでは月1回おこなわれているが、リピーターが多いとのこと。このようなゆったりとのんびりできる時間を楽しみにしている方が多いようである。

当日の参加者は天候の関係もあり5組と少なかったが、筆者自身はそれなりに子どもの頃を思い出し、ほのぼのとした世界に浸れる時間を過ごした。

○「バブちゃんタイム　ねんねのあかちゃん＋ピヨピヨランド」

参加者は7組で1組は父親同伴。初めて参加される方には支援センター利用の説明をおこなったあと、他の参加者に名前を紹介していた。初めは緊張されている方が多いため、少しでも会話のきっかけをつくるように心がけている。

それぞれの参加者は車座になって座り、小さなマットに子どもを寝かしながらあやしたり、抱き上げたりしている。そのうち、隣同士が打ち解けてきて、まず、子どもの年齢を伝え合い、日常生活上の事柄や心配なこと、困っていることなどを話すうちに、少し先輩の保護者から体験談やアドバイスが受けられるという相互援助交流ができあがってくる。母親にとっては、実家が遠方であったり、お姑さんに頻繁に会えない方も多いが、この場所であれば気兼ねなく相談できると知ったことだろう。こういった体験を味わえばオンラインでなく自然と対面参加に足が向いてくることになる。

○学びのひろば「イライラした気持ち、みんなどうしてる？？？」

8名の子連れの母親が参加。「気持ちがイライラするときありませんか？」の問いかけから始まり、なぜ、どんな時にイライラするのか、さまざまな事例を挙げ、それはストレスに対する反応であり、同時に緊急事態に対する反応で

あって、人が生きていくためには必要である。そして、その感情自体は、決して悪いことではないことを確認したうえで、次に1枚の写真を見ながら、2つの違った音楽を聴く体験をし、どのように感じたかを話してもらう。そして、参加者それぞれ、講座に参加する前の思いや気持ちを資料にある顔に見立てた○の中に表情を描いてもらう。次にイライラして怒りがこみ上げてきたとき、怒りの温度計として客観的に捉えたり、怒りのピークは6秒といわれるため、その6秒をいかにやり過ごすかが大切であることを伝える。数える間に怒りを鎮める行動として、たとえばトイレやキッチンに行くなど、場面を変えてみるのもいいだろうし、1、2と心の中で数えて息を吸って、3、4、5、6でゆっくり息を吐き副交感神経に入れ替わると少し気分が落ち着くと講師の加藤さんは話す。続いて7つの色より自分にマッチするものを選択する、それぞれの色には人の性格傾向が書かれていて、同じ色を選んだ者同士が話し合う。本日の講座を聞いた後、自分の気持ちがどう変化したかをまた○の中に表情を描いて最初に描いた表情との違いを比較してみる。最後に加藤さんが自分で選んだ本の中から気持ちを楽にする「推し」の言葉を披露して締めくくった。本日のテーマの内容は、加藤さんがさまざまな研修に参加した内容を参考にして、利用者の方々のニーズに合わせ、組み立てたものであるとのこと。母親たちは充実した時間を過ごせたようであった。

説明シートを使ってオリエンテーションをおこなう

第2章　さまざまな子育て支援活動を訪ねる

　令和8年度から実施予定の親が就労していなくても保育園などに預けることができる「こども誰でも通園制度」について幾人かに聞くと、子どものことが心配になるので利用したくない、また、家庭訪問支援も自宅に人が来るのも気詰まりだ、ここでお互いに話し合うことで鬱屈した気持ちが発散され安定するとの答えが返ってきた。

　自分たちで自ら怒りやイライラ感をコントロールできる状態を体験していくことは、前向きの自分を生み出す。「子育て支援を受ける」という受動的なものでなくあるきっかけにより、自分で発見し、自覚することが大切であることがわかったようである。また、このプログラムの日に来れば良いし、自分をリフレッシュできることがわかり、センターが母親たちの居場所にもなっている。

参加者がそれぞれ家族の性格をチェックしているところ

37

加藤さんに子育て支援とは何かを尋ねたところ次のような答えが返ってきた。
　「少子化が進むなか、子育て支援政策が年々、充実されてきています。その中で私たちにできることは、ごくわずかな支援です。子育て中の親御さん方の思いに寄り添い、話し相手になることが、なによりも求められているのではないかと思っています。現在の日本は、さまざまな情報に溢れています。ネットを開けばさまざまな情報が詰まっています。見れば見るほど何が正しいのか、何がいけないのかさえもわからなくなり、不安を抱える方が多いです。子どもを育てるということは、人間を育てることだと思います。成長するにつれ、自分自身で生きていくすべを身に付けていくことが、私たち大人にできる本当の支援なのではないでしょうか……。お子様のことで、悩んだり、迷ったりされている親御さんの味方でいることが、一番の子育て支援だと私は思っています。」

（3）子育て支援センターみぬま
〇親子ふれあいひろばベビーマッサージ

　取材当日のプログラムは首がすわった0歳の赤ちゃんと保護者が対象で、6組の母子が参加した。

　鍼灸師及び日本式ベビーマッサージセラピストであり保育士資格を持つ講師の橋野佐代子さんを囲むようにしてまずは順番に、出産を経て現在に至るまでの簡単な自己紹介などをしてもらい和やかな雰囲気の中でベビーマッサージが始まった。

　ベビーマッサージは色々なやり方があり、たとえば赤ちゃんを裸にしてオイルを身体に塗りながらおこなう方法

38

第2章　さまざまな子育て支援活動を訪ねる

もあるが、今回は「日本式ベビーマッサージ」ということで日本の伝統的な子どものツボ健康法「小児あんま」を現代風にアレンジしたものである。オイルを使わず、服の上からや耳、首筋、手、足にボデイタッチをしながらスキンシップによりおこなう。やり方は「もまない」「押さない」「ひっぱらない」ことに注意を払い、「目でふれる（赤ちゃんの目を見る）」「声でふれる（わらべ歌などを歌いながらやさしく話しかける）」「手（体）でふれる」の3つの「あたたかなふれあい」をおこないながらマッサージをおこなうものである。

赤ちゃん人形を使ってマッサージのやり方を教えている場面

　橋野さんがまず、赤ちゃん人形を使ってマッサージをするツボを順番にどの部分をどのようにふれたらよいのか、それはどのような効果があるのか、言葉を添えながらマッサージの動作をおこなう。この際「キラキラ星」の歌を歌って赤ちゃんのおなかをマッサージするとか、「げんこつやまのたぬきさん」を歌いながら人形の手や足を動かしてマッサージ動作をおこない、母親たちもこれに倣って一緒に歌いながら赤ちゃんにやってみる。無理矢理しないことが大事であるという。マッサージが終わった後、橋野さん曰く、子育ては一人で抱え込まないで助けてと言える力を持っていることが大切で、そう思ったらここへ来れば同じような人もいると話す。
　その後一人ずつ感想を聞いていくが、主なものを挙げると
　「ふれることで自分も幸せな気持ちになれる。やさしくふれることを大事にしたい」

39

「自分の母親にふれられると安心することを思い出して安心感を持てる絆ができたら良いなと思った」

　「起きている時間が長くなりユーチューブなどを見るとやらなくてはいけないという義務感みたいなものが出てきてしまう、でも楽しくやれれば良いと思った」
ということで、母親自身もマッサージをしてあげたことで赤ちゃんとの距離がより近くなったのではないかと思った。

　さいたま市子育て支援センターみぬま施設長の関さんに子育て支援とは何かを尋ねたところ次のような答えが返ってきた。

　「コロナ禍を経て、子育てがさらに孤立しがちな状況になっているのを感じています。そうしたなか、赤ちゃん・子どもが生まれ育つこと、育てることを、だれもがうれしいと思えるよう、また、たいへんな気持ちや不安な気持ちも大事に受け止めながら、その人その人が願う子育てができるように、日々の親子の皆さんとの出会いやさまざまなプログラム、相談の場などを通して、他機関や地域との連携を大切にしつつ、丁寧に関わっていきたいと考えています。」

(4) デイステイ──親子の居場所としての子育て支援
○親子の居場所としてのプライベート空間「ほっと、ふーっと」（さいたま市子育て支援センターみぬま）

　さいたま市子育て支援センターみぬまでは別に「ほっと、ふーっと」という、親子がくつろいで過ごせる部屋がある。さいたま市子育て支援センターみぬまのホームページに掲載されていて、利用するには予約が必要であり、午前と午後に利用時間が設定されている。毎回1組限定の利用となっており無料であることと、水分補給以外の飲食はできない。日常の家事と育児の両方の大変さから解放され、親子で過ごせる、ほっと一息つける「居場所」であることが受けているようだ。部屋にはミニ滑り台などの遊具があ

「ほっと、ふーっと」のお部屋

第2章 さまざまな子育て支援活動を訪ねる

り、ままごとなどのおもちゃや絵本が用意され、畳敷きでくつろげる空間となっている。何よりも家庭での親子の煮詰まった関係から気分を変えることができるし、必要に応じてセンターのスタッフとも話しができるメリットがある。月間行事の常連参加者も利用することがあるという。

(5) 東京都港区立子ども家庭支援センター

　港区は港区子ども家庭総合支援センターの中に児童相談所と子ども家庭支援センターがある。従来からあった子ども家庭支援センターを児童相談所が設置されるタイミングで総合支援センター内に設置した。ここでは「親子ふれあいひろば」においてさまざまなイベントを月ごとに企画・実施しているほか親子の遊びを楽しみながら地域交流室カフェで軽食と喫茶を味わうことができる。

港区立子ども家庭支援センター入り口と真向かいにあるブティック、カフェが入る建物

子ども家庭支援センターはリッチでおしゃれな南青山の環境に包まれている

親子ふれあいひろば

地域交流室カフェ

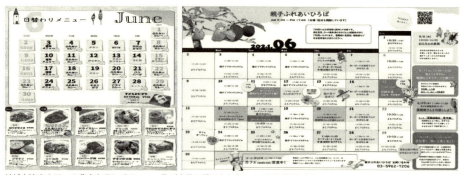

地域交流室カフェの豊富なランチメニュー及び6月の親子ふれあいひろば月間予定表

　また、利用者支援事業として子育て相談が気軽にできる子育てコーディネーター室も設けられておりコーディネーターが専門機関や子育て支援サービスの紹介をおこなっている。
　このほか、港区が実施するさまざまな子育て支援の窓口となっている。主な事業を挙げてみると次のとおりである。

- **産後要支援母子ショートステイ**（121ページ参照）
- **産前産後家事・育児支援**（121ページ参照）
- **育児サポート**

　利用会員と協力会員が登録し次の事業をおこなう。

・保育園、幼稚園、学童クラブ、小学校等の送迎。
・保育時間外、休園日に対象児童を預かる。
・保護者が病気・出産又は家族等を看護するときに対象児童を預かる。
・保護者が学校行事へ参加するときに対象児童を預かる。
　など

- **親支援プログラム**

　　体罰によらない子育てプログラムを学ぶポジティブ・ディシプリンの講座など、子育てをしていくうえで役立つ知識や子どもと一緒に課題を解決していく考え方を身に付けることができるよう養育者を支援する取り組みをおこなっている。

● 医学業務及び親子支援カウンセリング業務

　子育てに困ったときに役立つ、子どもとより良い関係を築き、子育てを楽しむための方法を学ぶプログラム「CARE※（Child-Adult Relationship Enhancement:子どもと大人の絆を深める）」を実施している。子どもの行動を改善させることに役立つスキルを、ロールプレイを通じて体験的に学ぶことができる。

　このほか、親子ふれあいひろばと同様の「子育てひろば事業（あっぴい）」を区内9か所でおこなっている。

2　子ども食堂

(1) じおんじ子ども食堂

　さいたま市の多世代交流型子ども食堂はどんな効果があるのかを改めて考える。さいたま市岩槻区の子ども食堂は4か所あるが、その一つのじおんじ子ども食堂を訪ねた。

　埼玉県においては2023年7月現在で埼玉県子ども食堂ネットワークに加入している団体は191か所で、「じおんじ子ども食堂」代表の山角さんによれば、取材時点（2024年2月14日）では加入していないところを含めると200か所を超えているという。

　今や家庭において食生活が満たされない子どもへの食の提供ばかりでなく、孤食の寂しさを味合わせないためにも、子どもの居場所や子どものための学習支援、高齢者など世代間を超えた交流の場としても大きな役割を果たしている。

　取材当日も会場に入った途端その熱気に圧倒された。まずテーブルに着いて食事をしていたのは7、8人の高齢者であった。ここは「子ども食堂」なのに？

※ CARE とは…米国オハイオ州シンシナティ子ども病院で開発された、子どもと関わる大人のための心理教育的介入プログラム

子ども食堂のスタッフさんと子どもたち

談笑しながら食事をとる参加者（地域のコミュニケーションの輪が広がる）

という疑問はすぐに払拭された。その後、次々に受付を済まし参加者は入れ替わり立ち替わり続々とくる。ここで目につくのは親子連れが多いということだろう。親子同士の社交の場でもあるようだ。

山角さんは子ども食堂の初期はお寺であったり、自宅であったりしたが、今はNPO法人が主催するなど、さまざまな団体等がおこなっている、山角さんも子ども食堂を始めるに当たって豊島区の要町にある子ども食堂に通って教えてもらったという。そして現在のところに6年前にオープンした。公民館でおこなうことについて使用料は無料であり食器も自由に使えることで助かっている。行政からの補助のほか、食材の提供等さまざまな団体から

調理場で後片付けをするスタッフ（高校生のボランティアも手伝う）

麻婆丼とおかず、お吸い物の夕食

第 2 章　さまざまな子育て支援活動を訪ねる

　の寄付により月2回の開催が成り立っているという。そしてさまざまな家庭が子ども食堂を利用している。

　そういった状況の中で、調理から食事の提供に至るまでの衛生面ばかりではなく、利用者の食物アレルギーについての事前の調査をおこなったうえで、年間の献立をつくっている。

　また、子ども食堂だけでなくここではフードパントリーやフードライブ（各家庭で使い切れない未使用食品を持ち寄り、地域の福祉施設などに寄贈する活動）もおこなっている。

　当日はスタッフが15人（調理師1名を含む）でこのうち高校生を含む全員がボランティアであった。ちなみに事前予約をLINEでおこない、80食分を用意した。

　山角さんに子ども食堂の果たす役割として実感していることを尋ねたところ「子育て支援で始まったが、ここへ来てみんなで会えること、いざというとき助け合う力が発揮できること、人と人とのつながりが最大の魅力である」と話してくれた。

備え付けの食器類など（公民館では自由に使用できる）

45

| じおんじ子ども食堂新聞 | フードパントリーの様子を号外として取り上げた |

(2) こども食堂らいおんの会

　こども食堂らいおんの会は東武スカイツリーラインせんげん台駅から徒歩15分のところにある平屋建ての建物を借りて2022年10月から活動をおこなっている。

　当初は子どもばかりでなく大人と一緒に1日3食が提供できるようにしていたが、さまざまな理由から見直し、この3月から月曜日、火曜日を除く週5日間で再スタートした。このうち日曜日は親子交流や大人も参加できるイベントの行事を入れて区分し、平日は子どもたちだけにした。そして、予約をすれば朝食、昼食もできることにした。

　代表のひだかさんによると子ども食堂を始めたきっかけは4人の子どもを育てる中で子どもたちの友達と出会う機会があり、その中には不登校やいじめの被害、引きこもりや反抗、学習の困難やヤングケアラーなど彼らはさまざまな

第2章　さまざまな子育て支援活動を訪ねる

らいおんの会のホームページより

子どもたちの感謝メッセージ

課題に直面していることを知ったことにある。また、子ども食堂の目的は、生活に困窮している家庭の子どもや孤食に限らず、どんな子どもでも利用できるようにしたいと思ったからであるという。そして家庭でもない学校でもない子どもにとっての「第三の居場所」にしたいと思っている。さらに、防災上の重要な拠点にもなると考えている。

　食材等の調達は寄付及び助成金でまかなうほか、足りない分は私財を投じている。また個人経営のため代表の他に2人のスタッフでおこなっている。参加する子どもも調理の手伝いをすることで料理体験ができ、食育にもなっている。さらに、スタッフが見守る中、宿題に取り組む場所にもなっている。

一軒家での子ども食堂

食後にカードゲームを楽しむ子どもたち

私はかつて子ども食堂を知った頃次のように捉えていた。
　家庭に代わって毎日食事を提供するのではなく、孤食状態におかれている子どもに一緒に食べる楽しみの機会を提供し、生活困窮世帯への支援の役割も担っていると。そこである子ども食堂を見学したところ、衛生面等で十分な配慮ができていないように感じた。また行政からの十分な支援を受けずにおこなっているため運営が厳しいことを知り、財政的にも食の安全という面からも危惧される状態でこのまま需要が拡大していくことに不安を感じた。このため、行政の支援、指導監督が必要になってくると思われると私が授業で語ったのは数年以上前の話であった。
　その後は以上の指摘した点が改善されていく中で全国的に順調に広がり今回の2つの子ども食堂を取材して、子ども食堂はもはや生活困難家庭の支援や孤食を防ぐための食事の提供をする場に限らず、地域における子どもの居場所として定着し、親子参加も含め世代を超えた交流の場として順調に進化していると思っている。しかし、参加する子どもたちや親子の中にはさまざまな問題を抱えているケースもあり、今後は子ども食堂同士の情報交流に限らず、東京都北区のように社会福祉協議会との連携・協働、要保護児童対策地域協議会への参加や自治体の子ども家庭福祉や母子保健担当、児童相談所にとっても重要な社会資源としての子ども食堂の現状を知ってもらう必要がある。

3　社会福祉協議会及びその他の団体の子育て支援

(1) さいたま市社会福祉協議会岩槻区事務所と地区社会福祉協議会
○柏崎地区社会福祉協議会の子育てサロンの立ち上げ
　旧岩槻市は政令指定都市さいたま市に平成17年度から加わり、岩槻区となったところである。ここは城下町として県内外に知られているばかりでなく、ひな人形の里としても有名であり、毎年、年明けから3月3日まで、ひな人形が販売され、ひな祭りの時期に近づくと街角におひなさまが飾れることでも近

第2章　さまざまな子育て支援活動を訪ねる

模擬ツリーに飾る作品を貼り付けた

子どもたちに今日のサロンでやることの説明場面

年有名になっている。また、さまざまなお祭りや催しものが年間を通じて開催されて「街おこし」につながっている。そういった由緒ある古い土地柄でありながら、一方では外国人も含めて新しい住民が増えている地区もあって、さまざまな子育てのニーズを抱えた地域に変わってきている。

岩槻区柏崎地区にある原町広域集会所と柏崎子ども広場を会場として第1回しあわせサロンが開催された。当日は集会所や子ども広場を使っておこなわれた。集まった子どもたちは広場にあるにあるクリスマスツリーに見立てた模擬クリスマスツリーに自宅でつくったツリーに飾る作品を持ち寄って貼り付けたり、輪投やゲームをして大人も子どもも楽しめる時間を過ごした。一方、幼児を対象として集会所の居間を使って母親が車座になって幼児にブ

いわつき乳児院の職員も乳幼児の親の子育てグループに加わった

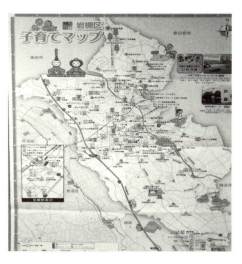

49

ロック遊びをさせながら子育てについて話し合う時間をとった。このサロンは地区社協が中心となって、自治会、PTA、こども会が一体となって実施したもので、さいたま市社会福祉協議会がバックアップし、児童養護施設いわつきやいわつき乳児院からも家庭支援専門相談員と看護師そして施設長も参加して全面的に支援をおこなった。

○東岩槻地区社会福祉協議会が中心になっておこなう学習支援

東武アーバンパークライン東岩槻駅から徒歩15分で学習支援の会場がある東岩槻小学校に着く。岩槻区の学習支援は5、6年前からおこなっているという。主催は東岩槻地区社会福祉協議会で児童委員も参加し、指導にはボランティアを募集し、中学校、高校、大学の生徒や学生、元教員、PTAの有志などが加わっている。今年度は夏期が宿題の内容によって3コースに分け5日間、冬期は1日でおこない、学習支援の内容は高学年10人が出席し、冬休みの宿題となっている書き初めをおこなうこと、低学年は29人が出席し、フェルトペンでの書

書き初め練習会の様子

フェルトペンでの書き初め

50

き初めと絵本の読み聞かせをおこなった。午前の部、午後の部に別れ、同じ内容でおこなわれるという。この地区は両親が共働きの世帯が多いとのことで親がなかなか子どもの勉強の面倒を見られないことから始まったが、参加児童は学校を通じておこない、主に校内にある学童クラブの子どもが参加しているという。

（2）東京都北区社会福祉協議会

従来社会福祉協議会の業務は生活福祉資金の貸し付けや高齢者、障害者の福祉サービスを中心におこなわれてきたが近年は子育て支援にも力を入れるようになってきている。

子どもに関する支援を希望する8割以上が子ども食堂を始めたいとの相談であるが、その背景には子どもの孤立とか貧困に関係するものであるとして

北区子ども食堂ネットワーク会議

北区社会福祉協議会では平成29年に「北区子どもの貧困・孤立防止対策ネットワーク事業」を立ち上げた。そして子どもの学習支援を核として子ども食堂、子どもの居場所を結びつけ、このためのネットワークの構築、グループの立ち上げ、運営支援、情報提供、合同研修などをおこなってきた。しかし、コロナ禍により活動は休止状態に追い込まれ現在は学習支援、子ども食堂はそれぞれ小地域のネットワークの中で活動がおこなわれている。

子どもの学習支援

北区では生活困窮者自立支援事業の任意事業として子どもの学習支援を社協に委託し、社協は小学生対象の学習支援教室を9か所設置して運営をおこなっている。これに対し区では学習指導について民間団体に頼らず地域のボランティアを募集し中学2年生から80代の方まで学習ボランティアとして活動してもらってい

学習支援教室（20人を超える参加）　　学習支援に使う参考図書

る。会場の中には子ども食堂や居場所とリンクして運営しているところもある。

　社協としての学習支援への主なものとして教室の立ち上げ・運営サポート、ボランティア調整、参加する子どもや保護者及び、教室参加ボランティアへの個別支援が多い。

キャリア学習イベント

　「子どもの『知る喜び』『学ぶ楽しさ』を育み、『どのような仕事につきたいか』『夢をかなえるためにはどのようにすべきか』を考えるきっかけとなるよう工夫し企画」（令和5年度事業報告より）し各団体や企業、専門家の協力を得ながら学習支援の一環としておこなった。

職業体験イベント（医師体験）キャリア教育

　イベントの名称は「小学生のキャリア学習プログラム　北区で職業体験」であり、令和5年度では92名の参加があった。内容としては「デジタルコンテンツ制作業」「伝統工芸士」「法律家」「デザイナー業」「鉄道業」「信

職業体験イベント（左官職人体験　タイル貼り）キャリア教育

用金庫」「印刷業」「木材卸売業」「医療従事者」「声優」の各エリアから講師が話をするばかりでなく体験もできるものとなっている。

子ども食堂ネットワークによる子どもの見守り

　子ども食堂ネットワークによる子どもの見守り体制強化事業として北区から委託を受けておこなっている。北区子ども食堂ネットワークの事務局として、情報提供、情報交換、ネットワーク会議（年2回）、研修、寄付品の調整をおこなっている。また、子ども食堂の立ち上げ、運営に関する相談にも応じている。さらに子ども食堂を運営するなかで利用する子どもの中に不登校、被虐待児等のケアを必要とする子どもを発見した場合に、子ども食堂とこども家庭支援センターなどの行政機関へ繋ぐ機能も担っている。

　この役割を果たしているのが社協に配置されているコミュニティソーシャルワーカー（CSW）である。

地域からの相談を受けるために必要なコミュニティソーシャルワーカー（CSW）の存在

　社会的孤立や不安、生きづらさなど、地域には既存の制度やサービスだけでは解決が困難な生活課題がある。それらの地域の課題の把握や解決には、行政や地域住民、各種の専門職、関係団体などが、従来の縦割りの分業ではなく、重層的に連携しながら地域福祉活動を推進することが必要になってくる。

　制度のはざまで困っている人や、既存の公的な福祉サービスでは十分な対応が難しい方に対して、地域や関係機関と連携しながら、地域の多様な問題を受け止め、住民主体の地域福祉活動を推進する関係者の調整役として期待されているのがコミュニティソーシャルワーカー（CSW）である。

　北区では、平成27年度より神谷・東十条地区、平成30年度より桐ケ丘地区、令和5年度より田端・中里地区にCSW各1名が配置されている。活動の範囲については、北区内に16か所ある地域包括支援センターの担当地域を地域福祉活動推進のエリアの一つと見立てて配置している。

CSWの重要な役割、フォーマルとインフォーマルをつなぐ場づくり

　個別の相談と地域の子ども食堂からの双方のニーズを把握したことから、CSWはフォーマルな機関、インフォーマルな団体がそれぞれのニーズや想いを共有できる場が必要であるとして、情報交換の場づくりをおこなうこととした。ただし、1、2回顔を合わせただけではつながりを継続することが難しいので、年間複数回「互いの取り組みを知る」「子どもに関わる地域課題を知る場」として情報共有、意見交換する場を設けている。

　今後も顔を合わせ、意見交換できる場づくりを積極的におこない、機関、団体間の関係構築に努めていくこと、また新たな社会資源も巻き込みながらこの会で連携、協働し課題解決できる幅を広げていくことを共有した。

外国籍の住民に目を向ける地域へ（TOMONIの活動）

　個別支援の相談の際、あるバングラデシュ国籍の母親との雑談をきっかけに、神谷地区、桐ヶ丘地区にバングラデシュ国籍住民が多いことに気づき、人口統計も確認したうえで施設や住民にヒアリングしたところ、「宗教上の関係で学校給食が食べられない」「バングラデシュ国籍住民同士は交流するが、地域とは交流していない」「学校からの手紙（日本語）の内容がわからない」などの課題がみえてきた。これを受けて、地域住民や地域活動者、ハラル食に独自対応していた保育所、バングラデシュ国籍住民のキーパーソン等との外国籍交流会を実施。前年度には把握したニーズや情報共有会をもとに「日本語支援・手紙支援」「ハラル食・文化理解」を目的とした地域活動の立ち上げと運営を支援した。

その他の子育て支援事業──ひとり親家庭支援、基金事業

　北区社会福祉協議会ではひとり親家庭への支援として、親子イベントを開催しているほか、子ども・若者の経験体験を応援する「子ども・若者応援基金」を設置している。

第2章　さまざまな子育て支援活動を訪ねる

4　病児保育──南平野クリニック病児保育室「ピュア」

　東武アーバンパークライン東岩槻駅下車徒歩約20分で国道16号と元荒川が交差する地点の近くにある。
　病気になったら親が側について看病してあげなくてはいけないという考え方は現代では通用しない。もちろん親が働いていない子どもが病気になったときに預けることはできない。普段は保育園などに預けて働いているなどの場合に罹患した子どもを保育園では預かれないし、他に預かる人も場所もない場合は大変助かる制度が病児保育だ。

病児保育室の室内

　ただし、朝、熱が出たからといってすぐに預かってはくれない。疾病によっては、預かっている他の子どもに感染する恐れがあるからだ。まず、かかりつけ医で診察を受け、病児保育室を利用してもかまわない旨の書類に医師が証明してくれた場合に病児保育を利用することができる。もちろん入院を必要とする病状では利用できない。感染症の疾患がほとんどであるが新型コロナウイルス感染症との診断がついた場合やインフルエンザの場合は発症後熱が下がって症状が落ち着かないうちは利用できない。
　つまり、利用するには手続きや病状による制約があることを保護者は前もっ

55

て承知しておく必要がある。なお、同じ病気で預かれるのは5日間という制約もある。

　そのため、事前に手続きをおこない登録しておくと安心とのことである。ここの病児保育室は定員が4人であり、通常は2～3人が利用しているという。また、現在常勤1名、パート3名及び診療所勤務の看護師が兼務している。

　保育内容については保育園とは異なり、年間行事や特別な行事も組まれていない、食事、おやつ、睡眠の時間が日課の中に割り振られているにすぎない。つまり、具合が悪い子どもを親に代わって見ているということになる。また、スタッフにとっても、感染性の疾患を抱えている病児を受け入れるために起こるリスクを自ら防御しなければならない。担当保育士の大浦さんは「この仕事に就いた初期の頃は子どもから感染してしまうこともあったが、時間とともに免疫ができてきます」とのお話をされていた。しかし、大変な仕事であることは間違いない。

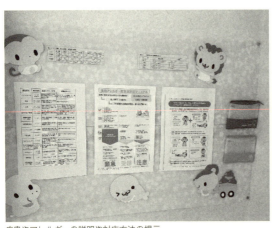
疾患やアレルギーの説明や対応方法の掲示

病児保育に必要な保育道具等

　10区あるさいたま市では各区に1か所ずつ病児保育室が設けられ、ピュアを含め7か所は医療機関付属であるため親もスタッフも安心して働けるのではないかと思った。

共働きが当たり前の時代において実家や嫁ぎ先の親も稼働中であるケースが増えている昨今、このような施設に対する需要はもっとあってもいいと思う。なお、病児保育間のつながりについては、さいたま市内の10か所の連携・情報交換をおこなう場のほか、埼玉県病児保育施設連絡会、全国病児保育協議会がある。病児保育にとって子育て支援とは子どもが安心して楽しく過ごし、笑顔で帰ることがお父さん、お母さんへの支援に繋がることであると担当の大浦さんは話してくれた。

　幼い我が子が病気になると心配になり仕事が手につかなくなる親も多いだろう。今回の取材で病児保育室に対する私の中にあるわだかまりが薄れ、認識が新たになった。子どもが小さい頃、病気になるとどちらが仕事を休むのかでもめたが、そういった場合は、当てにならない私よりもベビーシッターを頼んでかかりつけ医に連れて行くなど色々な手段を相方がこうじていた。受診のために乗るタクシーの窓越しに子どもが手を振るのを見て切ない感じがした記憶がある。今回、病児保育室を取材してこれはとても必要で良い制度であると思った。親は本当に助かるとつくづく感じた次第である。行政は障害児の訪問支援事業とともに需要に見合った制度の充実を図るべきだと思う。

5　子どもの医療型短期入所施設「南平野クリニック」

　開設は平成27年の3月1日。病児保育をおこなっている南平野クリニックでは1階に子どもの医療型短期入所施設を設けている。ここでは人工呼吸器管理、在宅酸素療法、経管栄養、気管内吸引、口鼻腔吸引、導尿などの重い障害をもつ原則0〜18歳までの子どもの医療的ケアをおこなっている。定員は5名で月曜から金曜までの午前9時〜午後5時までで入院対応はおこなっていない。またこの施設では送迎サービス（無料）を独自におこなっており、利用児童は岩槻区だけでなく隣の見沼区、春日部市、宮代町、蓮田市からも受け入れている。

利用するに当たっては、受給者証が必要であり、各自治体の障害福祉係の担当部署にまず相談し、受給者証を交付してもらい予約を取ってサービスを受けることになる。このサービスを受ける目的としては主に保護者のレスパイトが多く、保護者の通院の場合などにも利用されている。初回利用時には保護者が日常おこなっているケアを見せてもらい、その状況をスッタッフが知ったうえでサービスをおこなっていく。登録者は現在約20名で1日平均3.3人が利用している。定員いっぱいになるときもあるが、当日の予約が5人を超えていてもキャンセルが出ることも多く、ほぼ現在の定員でこなしていけるという。訪問当日は利用者がいて部屋の内部を見ることはできなかった。

　スタッフは専従看護師4名が対応し、ケア内容によっては病児保育の保育士も参加することがある。主なサービスの内容はそれぞれの子どもに応じた医療的ケア、医療的管理が中心であるが、本の読み聞かせやユーチューブを見ながら歌ったり、踊ったり、体操したりその子の状況に応じて活動している。ここを利用している子どもたちは多くの介助と医療的ケアを必要としている子どもたちばかりだと思っていたが、動ける医療的ケアの子どももいる。特別支援学校以外にも、制約はあるものの保育園、学校に通っている子どももいることを知った。したがって、夏休みや冬休み、春休みだけ利用するケースもいて利用状況はまちまちであるという。

6　幼児教育・保育の多機能化施設

(1) 大京学園こども相談支援センター・大京学園こども子育て支援センター

　今回訪れた大京学園こども相談支援センターは東武スカイツリーライン武里駅から徒歩約20分のUR武里団内にあって幼保連携型認定こども園及び武里幼稚園内にある利用者支援事業基本型をおこなっている施設である。

　このセンターの主な活動や取り組みは育児や子育て相談、発達相談だけでなく、医療的ケア児の支援、マタニティ相談など多岐にわたっている。マタニテ

第2章　さまざまな子育て支援活動を訪ねる

子ども相談支援センター相談室

親子保育をおこなう部屋

ィ相談では産前からの非常勤助産師による相談を受けている。また、医療的ケア児支援法に基づき人工呼吸器、経管栄養、導尿を必要とする医療的ケア児については相談を受けるとともに、保育認定により通園したり、保護者のレスパイトケア等を目的として短期で日中預かりをおこなって、健常児とのふれあいができる混合保育をおこなうこととしている。

　相談方法は電話、来所、メールのほか、訪問による相談もおこなっている。春日部市によると市の外国人の数は4,980人で、市の人口に占める割合は2.15％（2023年1月1日現在）となっており県東部では草加市、越谷市に次ぐ在留外国人の数となっている。特にこの団地にはブラジルや中南米出身の外国人が集住している居住地区があって彼らの相談に乗ることも多い。相談室も整備されていて、子どもを遊ばせながら保護者の相談ができるようになっている。また週5日間、地域子育て支援拠点事業として親子保育（子育てサークル）もおこなっており、1回につき10組の親子が専用の部屋を使って保育計画のもとに親子遊びの場として利用している。この事業では外部の講師を招聘し、わらべ歌遊び等の表現遊びを取り入れたり、令和6年度は歯科口腔衛生や母子保健についても講演をおこなうことを企画している。

　この施設の凄いところは、育児や子育て相談として相談室での相談に留まらず、訪問相談をおこなっていることやマタニティ相談、医療的ケア児の相談も

59

おこなっていることだ。また、他の保育園、幼稚園、認定こども園での子育て支援プログラムでは登録し後は自由参加のひろば事業が多いが、ここでは毎月、季節の行事を取り入れ親子保育を通年でおこなっている。親子が一体となって保育を受けることで「親育て」にもなっている。

各月のプログラム

7　多文化共生を意識した子育て支援の取り組み

（1）子育て支援センターにし

　令和6年1月23日にさいたま市西区の「子育て支援センターにし」でおこなわれた「世界のことばでこんにちは」を見学した。進行役は一般財団法人ヒッポファミリークラブのスタッフ4名が務める。この団体はさいたま市内で「多言語を体験しよう」という活動をおこなっているグループであり、毎月ボラン

今日のプログラムの説明（世界の国のいろいろな言葉であいさつをする）

あなたのお名前は？

第2章　さまざまな子育て支援活動を訪ねる

英語でからだの部位（頭、肩、耳、ひざ）を指して歌う

ティアとして、当センターにてイベントをおこなっている。内容は多言語の歌に合わせて親子で体を動かす、その月の誕生日の子どもに対してはお誕生祝いの歌（ハッピーバースデー）を多言語で歌ってプレゼントする。大きな福笑いを子どもが作って楽しむなど、多彩なメニューで飽きる間もなくあっという間に時間が過ぎてしまった。ちなみに当日の参加者は親子10組であった。

主催者の話によると、この講座は外国語を幼児の時期から教えることではなく、言葉をシャワーのように浴びることで幼児のうちから外国語に親しみを覚え、自然にフレーズを口ずさむことをねらいとしている。ちなみにここでは意図的に多国籍の親子が交流をおこなう企画にはなっていないが、こういった親子が参加することは歓迎であるという。

プログラムの後半は福笑いで楽しむ

(2) 群馬県太田市教育委員会主催によるプレスクール
○外国人向けの子育て支援「プレスクール」

外国人の家族が日本に移住しているケースは増えている。入国当初は親も子も日本語によるコミュニケーションができず、日本の文化になじめないケース

が多い。特に、就学時期を迎える親子にとっては不安が大きく、子どもに対する学校生活を送るうえでの基本的な知識や生活のスキルばかりでなく、日本での義務教育を受けるために必要な親の子育て支援は別途おこなう必要がある。そこで、親子ぐるみの就学準備を始める機会を設ける自治体が、外国人集住地域にできている。

プレスクールがおこなわれている群馬県太田市学校教育センター

群馬県太田市教育委員会主催によるプレスクールを見学した（令和6年2月10日土曜日）。

会場は、太田市学校教育センターで、駅から車で15分程かかる市の外れにあり、路線バスの便はなく、アクセスは車に頼るしかない。

プレクラスひまわり教室の部屋を借りておこなっているプレスクール

2階にある初期指導教室「プレクラスひまわり教室」を借りて、1月27日（土）から毎週土曜日に開催、最終は2月23日（金）の計5回。日本の小学校へ就学希望の外国人の子どもが対象。教育委員会からあらかじめ就学時健診の案内とともにプレスクールの申込書（母語版）を同封し、

ひらがなの書き順の練習

日本の学校に就学する希望があるかを確認して手続きを進める。

太田市のプレスクールは子どものプレスクールだけでなく、同時に保護者向けのオリエンテーションをおこなうプログラムも用意されていて、保護者に対

第2章　さまざまな子育て支援活動を訪ねる

しても日本の学校への理解と協力が得られるような内容になっているのが特徴的である。

子どものプレスクールは、姿勢（正しい座り方）、文字指導（あ〜か行）、数字1〜10から始まって段階的におこない、最終日は文字指導（ら〜わ行）とこれまでの復習、工作まで、入念にカリキ

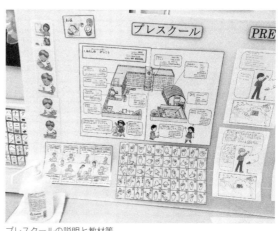

プレスクールの説明と教材等

ュラムが組まれている。午前中2コマの時間割でおこない、それぞれの授業の初めの部分では保護者が授業を参観し、その後、別室で、保護者に対しては学校に提出する書類や休むときの対応等といったことの説明をおこなう。授業は主にブラジル、ペルー、ベトナム出身の指導員が務める（その年の参加する子どもの言語によって変わる）。

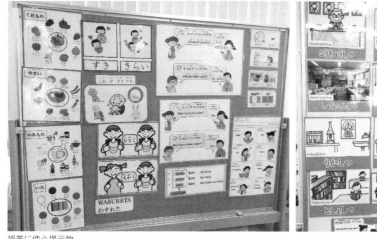

授業に使う掲示物

63

ランドセルの上に月曜バッグを背負う練習

授業用教材と授業で使用する寄贈されたランドセル

保護者オリエンテーションの様子

テキストを見ながらスライドの説明を聞く（このとき、保護者の近くで、ポルトガル語・スペイン語、英語の同時通訳をおこなう）

　取材当日の1時間目の授業では、色の名前やひらがなの練習をした後、先生が筆箱を持って児童の着席している側に行き、その名前や中には何が入っているかを質問していた。2時間目は、下校の際の持ち物、ランドセルの使い方など、実物を使わせながら教える。教える先生とは別に3人の先生が教室内を巡回し、個別に指導をおこなっていた。
　未就学児の子育て支援と言えば、保育園に通っている外国籍ないしは外国にルーツを持つ子どもの言葉やコミュニケーションの支援、その保護者とのコミュニケーションの問題がまず先にあった。しかし、この問題は単に保育園内だけに留まらず、卒園後の進路に関係してくる。外国籍の子どもたちにとっては日本の義務教育は選択の一つであって必ず就学しなければならないことではない。したがって、卒園後インターナショナルスクールに通わせる場合もある

第2章　さまざまな子育て支援活動を訪ねる

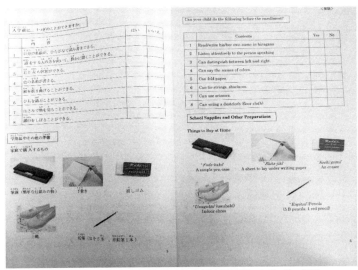

プレスクールテキストの内容（一部）（左ページ：ルビ付き日本語、右ページ：母語）

が、経済的余裕のない家庭は放置状態になってしまい、そのまま保育園に残留する例もみられる。日本の義務教育を受ける場合は保育園内での日常会話やコミュニケーションでは事足りず、我が国の教育制度、日本の文化や生活習慣を踏まえた教育を親子に学習させる機会が必要である。このため、それなりの準備期間を設定しなければならない。これは保幼小連携・接続授業の中に取り込むには、さまざまなカリキュラムの工夫等が必要になってくる。そこで外国人の集住地域においてはプレスクールを別途、就学前の一定期間（多くは半年から3か月以下）実施しているところがある。群馬県太田市はスバルなどの自動車工業の部品工場がありブラジル、ペルーなどから来日し、居住している外国人が多い。

太田市は、入学に向けてのプレスクールを親子ぐるみでおこなっている関東近県では数少ない自治体であり、プログラムも系統立ってつくられていて、家庭では不可能に近い子育て支援の領域を担っている。

なお、東海地方ではこれに類するプレスクールが各地でおこなわれており、なかには保育園でプレスクールを開催しているところもある。

65

令和5年度授業内容

日	プレスクール	保護者向けオリエンテーション
1/27（土）	〈1時間目〉 姿勢（正しい座り方） 鉛筆の持ち方・消しゴムの使い方 あいさつ 　おはようございます。 　こんにちは。 　ありがとうございます。 〈2時間目〉 文字指導（あ～か行） 数字1～10	入学式までの心得 　心得と準備 　学用品 　服装 　持ち物 　学童とブラッツ
2/3（土）	〈1時間目〉 授業での号令・あいさつ 文字指 導（さ～た行） 数字1～10の復習 色（赤・青・黄・緑・白） 〈2時間目〉 自分の名前 自己紹介	子どもの健康管理 給食 登下校 （連絡）次回、ランドセルを持参
2/10（土）	〈1時間目〉 授業での号令・あいさつの復習 ひらがな・漢字の復習 文字指導（な～は行） 色（紫・水色・黒・ピンク） 〈2時間目〉 学習道具の名前 引き出しへの入れ方 ランドセルの使い方 ランドセル・月曜バックを背負う練習	学校に提出する書類 学校に支払うお金 学校を休むとき （連絡）次回、給食着を持参
2/17（土）	〈1時間目〉 持ち物の復習 ひらがなの復習 文字指導（ま～や行） 給食の導入 〈2時間目〉 給食の準備・配膳の練習 給食のあいさつ・片付け	小学校の勉強 日本の高校に行くには
2/23（金）	〈1時間目〉 文字指導（ら～わ行） これまでの復習 　あいさつ・ひらがな・色など 〈2時間目〉 工作　修了式（プレゼント）	連絡帳 家庭学習 学校の1年間 学校生活のきまり 学校からの要望 （アンケート）

第3章

新たな子育て支援への模索
　　――社会的養護施設による取り組み

○既存の施設は子育て支援にどのように対応しようとしているか――さまざまな局面から子育て支援、若者支援を考える

　児童養護施設における子育て支援の役割と使命は2つに分かれる。一つは親に成り代わって預かった子どもの養育をおこなうことである。しかし、現在入所している子どもの多くは被虐待児、発達障害や軽度の知的障害を持つ子どもであって、施設内での人間関係や学校生活で支障をきたす子どもが少なくない。これに対してさまざまなケアアプローチがおこなわれている。また、家庭復帰に向けた家族再統合は重要な課題となっているほか、施設を卒業する準備としてのリービングケア、退所後の社会不適応をカバーするためのアフターケアも重要性を増している。

　2つ目は地域との関係である。この本のタイトルである「地域とともに歩む子育て支援」とは、72ページから109ページの随所に示したように今や地域における社会的養護の要としての児童養護施設や乳児院にとって最重要課題の一つとなっており、さまざまな連携・協働が模索されている。施設の持つ子育ての専門性の活用やノウハウによる相談支援、逆に地域からの協力や支援により、従来のような措置施設として地域から切り離されていた状態からの脱皮が求められている。そのことは児童福祉法上次のように規定されている。

児童福祉法第41条
「児童養護施設は、保護者のない児童（乳児を除く、ただし、安定した生活環境の確保その他の理由により特に必要のある場合には、乳児を含む。以下この条において同じ）、虐待されている児童その他環境上養護を要する児童を入所させて、これを養護し、あわせて退所した者に対する相談その他の自立のための援助を行うことを目的とする施設とする。」

児童福祉法第48条の2（後段）
「地域の住民に児童の養育に関する相談に応じ、及び助言を行うよう努めなければならない。」

第3章　新たな子育て支援への模索

○「新しい社会的養育ビジョン」が児童養護施設、乳児院の変革にもたらしたもの──児童養護施設の多機能化、高機能化

　平成29年8月に国は社会的養護の近未来像として「新しい社会的養育ビジョン」を打ち出した。この中で約4万5,000人いる社会的養護を必要としている子どもたちの多くが児童養護施設や乳児院などから里親や養子縁組による家庭養護への選択を第一とし、このビジョンの要約編「新しい社会的養育ビジョンの実現に向けた工程」の（5）乳幼児の家庭養育原則の徹底と、年限を明確にした取り組み目標において「特に就学前の子どもは家庭養育原則を実現するため、原則として施設への新規入所を停止する」「全年齢層にわたって代替養育としての里親委託率の向上に向けた今から開始する。これにより愛着形成に最も重要な時期である3歳未満については概ね5年以内に、それ以外の就学前の子どもについては概ね7年以内に里親委託率75％以上を実現し、学齢期以降は概ね10年以内を目途に里親委託率50％以上を実現する」と高い目標を掲げた。

　このことは今までの社会的養護の子どもを預かり、親に代わって育ててきた児童養護施設や乳児院などの関係者にとって衝撃的であった。そして関係者の中から、自分たちのおこなってきた役割を否定されるのではないかという危機感をもたらした。しかし、施設の中でも戦後の一時期はホスピタリズム論争があって結論には至らなかったが、施設の小舎制への移行が徐々に始まっていたことも事実である。このビジョンは5年後の目標値である現在、里親登録数、委託数もかなり下回っている。唐突であったことは否めない。子どもを持たない家庭であって、子どもを育てたいという動機から里親登録をおこない研修を受けても、預かる子どもは被虐待経験を持つ子どもがいて、子どもを育てた経験がない里親希望家庭にとってはとても対応できないケースが多い。しかし、新しい養育ビジョンでは里親や養子縁組をまず取り上げている。そもそも社会的養護を担う主体が施設中心であった我が国にとって全面的に里親制度がとって代わるにはハードルが高かった。

　今、大舎制、中舎制の児童養護施設は急遽小ユニット制に変えている。しかし、ここで大きな歪みが出ている施設もあると聞く。

新しい社会的養育ビジョンにより里親、養子縁組が要保護児童の第一選択になった。したがって社会的養護の施設ではトラウマや軽度の知的障害、発達障害をもつケースに絞られていった。また、里親委託を進めても処遇困難な児童が多いため、結局、施設に措置変更を余儀なくされるケースがでてきた。このため施設には処遇が困難なケースがさらに増加し、従来の職員配置基準の施設では対応できなくなり、結果的にケアワーカーの負担が大きくなり、離職率が高まり、定員を減らしているところがでてきている。反面、本体施設の定員を減らし、その分を地域小規模児童養護施設やファミリーホーム、小規模ユニットケアに振り替えた施設にとっては、より家庭的な処遇がおこなわれるので子ども一人ひとりに目が届くことで子どもが精神的に安定し、職員の離職が少ない。このため定員減につながらない。
　そこで、第3章では今必要とされている児童養護施設、乳児院における子育て支援とは何かを改めて考えていく。
　全国児童養護施設協議会において「今後の児童養護施設に求められるもの」（児童養護施設のあり方に関する特別委員会の最終報告書　令和3年6月）の「はじめに」の中で「ビジョンからは子どもの育ちゆく姿が描けない」として本文の中で施設の高機能化、多機能化、地域支援が挙げられており、児童養護施設の柱となる3つの機能として個別的養育機能、支援拠点機能、地域支援機能を挙げている。さらに「児童養護施設が担う機能と今後の展望・展開」（児童養護施設からの提言特別委員会最終報告書　令和5年3月）の「はじめに」において「入所する児童に留まらず、地域の要保護児童への支援、里親等支援、逼迫する児童相談所業務への協力、子どもの居場所づくり、また退所児童のアフターケアの経験を基礎としたユースの自立支援の枠組みの構築への貢献など、多岐にわたる展開が可能であると考える」とさらに述べている。
　これを受けて本章においては、入所している子どもたちの現状はどうなっているのか、個別的養育機能の中での小規模グループケア、専門的ケア、地域支援機能の中では要保護児童等予防的支援機能、一時保護機能、交流活動機能、アフターケア機能を取り上げる。

第3章　新たな子育て支援への模索

　埼玉県内の児童養護施設をみると今や被虐待児の多くを受け入れ、ケア施設化が進んでいる。

　埼玉県児童福祉施設協議会の令和5年度基本調査によると次のとおりである。

	児童養護施設	児童自立支援施設	児童心理治療施設
虐待	632 (53.9)	0 (0.0)	28 (65.1)
養育者の疾病（入院を含む）	142 (12.1)	0 (0.0)	0 (0.0)
養育者の行方不明	12 (1.0)	0 (0.0)	0 (0.0)
養育者の死亡	15 (1.3)	0 (0.0)	0 (0.0)
養育者の服役	44 (3.8)	0 (0.0)	0 (0.0)
養育者の稼働（破産等の経済的理由を含む）	124 (10.6)	0 (0.0)	0 (0.0)
児童の問題による監護困難	37 (3.2)	35 (100)	9 (20.9)
措置変更	101 (8.6)	0 (0.0)	5 (11.6)
その他	65 (5.5)	0 (0.0)	1 (2.3)

反・非社会的行動や被虐待体験からくる行動をとって処遇が極めて難しいと判断される児童の数とその主な問題行動について（複数該当）

	令和4年度	令和5年度
職員や他児に対して頻繁に暴力がでる児童（週に2回以上ある）	52	58
時々暴力がでる児童（週1回～月2回以上ある）	96	112
ごく稀に暴力がでる児童（上記より頻度が少ないが稀にある）	83	108
頻繁に職員や他児に対して暴言がでる児童（週に2回以上ある）	108	157
時々暴言がでる児童（週1回～月2回以上ある）	131	125
ごく稀に暴言がでる児童（上記より頻度が少ないが稀にある）	102	105
性的問題行動のある児童	120	139
無断外泊をする児童	35	48
飲酒・喫煙をする児童	10	20
ひきこもり・不登校の児童	71	94
自傷行為のある児童	69	82
強度の反抗をする児童	68	99
多動の児童	171	201
器物破壊をする児童	113	114
万引きや盗癖のある児童	66	72
自殺企図のある児童	18	35
飛び出し等の危険行為のある児童	54	87
生活や勉強に支障をきたすレベルでゲームやスマホ等の依存がある児童	44	46
その他の理由で対応困難児童	64	51

この2つの表からわかることは被虐待児の入所割合が50％を超え、受け入れた子どもの問題行動の多くが暴言、暴力といった過激なものであり、女性職員が多い児童養護施設にとっては対応が厳しいものであること、また、その他の行動も反社会的なものが多いこと、令和4年度に比べて令和5年度は各項目にわたって増加していることがわかる。このデータから児童養護施設はいかに処遇困難児を受け入れその対応に苦慮しているかがわかる。

　それにもかかわらず、一時保護棟を設置したり、さらに卒園後のアフターケアや地域との交流、地域の子育て支援を模索し、積極的におこなっている施設があるのでそのいくつかを紹介する。

1　地域支援を模索し高機能化・多機能化に挑戦する児童養護施設

（1）あゆみ学園
○独立した心理ケア棟、地域との交流、学園祭、後援会情報誌を通じてのきずな

東武スカイツリーライン羽生駅から車で5分ほどの閑静な住宅地の一角にあって今年で創立44年になる施設である。現在、定員68人、現員61で入所率約90％となっており、本体施設の他に3か所の地域小規模児童養護施設を有している。

　過去において、虐待を経験した入所児童の占める割合は60％強となっていて、知的障害を持つ子どもも増え、全体的にケアニーズの高い児童が入所している。このため、より密接な養育ができるよう来年度にかけて施設のすべてを小規模ユニット化することになっている。こういった障害を持つ子どもは市内

にある障害児支援高校に進学し、卒業後はグループホームに入所して、近隣の事業所に勤めている。幸いなことに、この地域ではグループホームが次々に誕生し、障害を持つ卒園生が地域で仕事を得て生活できる受け皿ができている。

○施設の高機能化を進める取り組みとしての心理的ケアの充実——心理的ケアを独立した別棟でおこない、常勤2名の公認心理師が勤務している

　あゆみ学園は本体施設の中に心理治療室を設置しているのではなく、同じ敷地内ではあるが心理治療室が別棟にあるところが特徴であり、施設長の心理的ケアに対する思い入れを感じる。現在常勤2名の公認心理士がそれぞれ10人ずつの子どもを担当しているので、入所児童全体のおよそ3分の1に心理的ケアがおこなわれていることになる。

　「子育て応援室」と表示された別棟の玄関に入ると、右側にカウンセリングルーム、左側に事務室、正面にやや広いプレールームがある。心理的ケアを必要とするオーダーは各ホームの会議で決められ主訴や心理的ケアを依頼する理由が具体的に示され、それによって担当や治療技法が決められる。不登校のケースも近年多いという。どのケースに対しても、職員から生活場面や学校での様子等を聞いて情報収集をおこなったり、心理面接等の開始前に質問紙法や描画法を用いてアセスメントをおこなっている。

　オーダーされるケースは他児とのトラブルを起こす子ども、かんしゃくを起こしやすい子どもなどである。こういったケースにはストレスケア、ストレスマネジメントをどのようにおこなうのかをいっしょに考え、すぐに暴言暴力に走らないようにするため、怒りの鎮め方をアンガーマネジメントの技法により学習させていく。

　また、なぜすぐに暴言暴力に及んでしまうのかを遊びを通じて自覚していく方法をとることもある。たとえば人を殴って本当に気分がすっきりするのか、感情にまかせておこなった行為を話し合ってみることにより、かえって、自分が嫌な思いをすることを実感させていく。また、遊びの中で出てきた攻撃性をセラピストが観察し、その原因をケアワーカーに伝え指導に生かしてもらうこ

ともおこなっている。逆に不安が強くて相手に言えない場合は遊びの中でセラピストがその子の言いたいこと、したいことを代わりに表現してみせることで、その子に必要なアクションを学習させることもおこなっている。

　被虐待経験を持つ子どもは健全な二者関係を築くことができないので、まず、セラピストとの間で関係ができるように練習させる。結果についてはホームのケース会議で説明し、症状や問題行動の変化をもたらすことができる心理的ケアの役割を伝えている。

子育て応援室

内部のカウンセリング室

第3章　新たな子育て支援への模索

心理治療棟事務室

プレールーム

○地域と一体となっておこなうあゆみ学園祭

コロナの影響があって学園祭が4年ぶりに開催され30組の卒園生が来園した。その他、地域住民や関係者の数百人の参加があった。

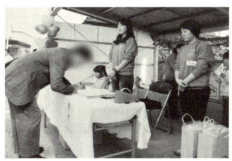
受付

子どもたちも参加するステージでの演技

会場の賑わいと模擬店

　催し物は、日頃あゆみ学園がお世話になっている方への感謝状の贈呈式や入所児童の発表会を挟んで、津軽三味線の演奏、フラダンス、よさこいソーラン、日本舞踊、バンド演奏などが中央ステージでおこなわれ、バザー、模擬店が並び盛り上がりをみせる。この伝統的な催しは41回目を迎え、地域に開かれた施設として地域との交流の重要な接点になっている。また、来園した卒園生に対しお米を贈呈した。

○後援会機関誌の発行
　あゆみ学園ではしっかりした後援会組織がつくられている。定期的に機関誌「あゆみ」を発行し支援の輪が広がるよう、更生保護女性会や民生委員児童委員協議会等に配布し、あゆみ学園の現状などについて理解をしてもらうためにも情報提供をおこなっている。

第3章　新たな子育て支援への模索

○**施設のさらなる多機能化を目指して**
　コロナ禍の時期に隔離施設として使用していたところを今後は卒園をしていく子どもたちの自立訓練をおこなうためのサテライトとして、また、家庭復帰段階での家族訓練棟として、さらに、社会に巣立った子どもたちが羽を休める居場所として考えている。

○**職員の定着とキャリア形成について**
　県内の他の施設では、ケアニーズの高い児童にケアワーカーが対応できずに3年ぐらいで離職していくことについて、施設長の丑久保氏はその理由だけではなく、「短い期間で辞めていくのは自分の適性を試してこの仕事に合わないからと早計しがちな現代の若者の傾向が背景にあると思う」と話す。また、入職後3年ぐらいで退職してしまう理由は、必ずしもバーンアウトなど精神的に追い詰められてのことではない。これをつなぎ止めるには、職員の成長を周囲が認めてあげること、キャリアアップを図る仕組みが必要であること、ユニットでの養育は個人でおこなうのではなくチームでおこなうという、仲間同士の支え合いが大切である。その結果として、プロパーとしてキャリアを積んだ後継者が育つことが児童養護施設にとって大事であると話されていた。また、この仕事を長続きさせるためには、施設の小規模ユニット化のもたらす効果は入所児童にとっては密に関わってもらえるメリットばかりでなく、職員側もチームワークの中で個々人のケアワーカーとしての悩みをチームで支えることができると力説されていた。

○**施設長としての子育て支援とは何か**
　近年の入所児童の傾向として、被虐待児はもちろんのこと、知的障害、発達障害を抱える子どもが増えている。これに対して福祉、教育、医療を一体的におこなうことが社会的養護の施設における子育て支援には欠くことのできないものであると述べられた。

(2) 子供の町、エンジェルホーム
○施設内クリニックによる入所児支援、心理教育・心理的ケアの工夫、退所児アフターケア

東武アーバンパークライン南桜井駅下車、駅前にかつてあったリズム時計の跡地に巨大なスーパーマーケットがあり、車の出入りが激しい。施設はそこから歩いて10分程のところにある。周囲は閑静な住宅地となっているが、私が県中央児相に入職した昭和

どんぐり塔（受付、クリニック、カフェがある）

47年当時は人家もまばらで寂しいところであった。施設の敷地は約1万2,000平方メートルであり、その中に「子供の町」と「エンジェルホーム」、一時保護棟、そして診療所「子供の町クリニック」の4つの施設がある（「子供の町」と「エンジェルホーム」は同じ敷地にある別の施設である）。他に近隣に地域小規模児童養護施設を設置している。

「施設概要2023年版」等によると、沿革は、昭和22年フラナガン神父が日本の社会福祉施設を視察したとき日本にもアメリカの「ボーイズタウン」のような施設をつくる必要があるとして国や埼玉県、GHQに働きかけ、戦前からあった元兵器工場の跡地を譲り受け、昭和24年5月に養護施設「子供の町」が、続いて昭和27年には虚弱児施設「子供の町」（現在のエンジェルホーム）ができた。

定員は子供の町80名、エンジェルホーム65名となっているが令和5年10月1日現在入所率は子供の町、エンジェルホームともに75％となっている。入所理由については令和4年4月1日時点で両施設について被虐待50.0％（54.3％）、被虐待体験率96.4％（67.8％）となっている（カッコ内は埼玉県全施設の数字である）。

第3章　新たな子育て支援への模索

　報告された事例を読むとセラピーを受けている子どもの多くは、対人不安感や見捨てられ感から周囲に対する不信感が多く、怒りや不満をぶつけるケースが多い。

　この法人ではクリニックを併設しているが、これは全国的にも珍しい。

○**どんぐりクリニック**

　当初は地域に医療機関がなく、子どもの健康を守るために園内に医療機関が必要であるとして開設に至った。地域住民の要望もあり地域住民にも開放していたが、近年宅地開発が進み商業施設ができて、民間の診療所が次々と開設するに伴い、住民も利用できる診療所としての役目が終わり、現在は施設内だけの診療機関となっている。近年入所児童の中に、被虐待児や医療面でのケアを必要とするケースが多くなってきたため、児童精神科の医師や心理士を配置している。令和5年3月末時点

どんぐりクリニックの医務室

で13人の子どもが心理治療等を受けており、1人の常勤心理療法担当職員が対応しているが、実施回数は次の表のとおりである。

内容	心理療法	心理検査	生活場面面接	施設職員等への助言及び指導	援助方針会議への出席	その他	計
回数	334	10	69	168	90	291	962

○心理教育としての暴力防止プログラムと「臨床美術」

　このほか、心理教育として暴力防止プログラムが取り入れられ、職員の参加を含めCAPやセカンドステップをおこなっている。また、心理的ケアの一つとして「臨床美術」を取り入れた活動「こまちアート」を年7回おこないその成果を庄和総合支所市民ギャラリーに展示した。

　この活動は参加児童の自己表現を促し、それが尊重される体験、また互いに認め合う体験を積み重ね、日常生活で抱える対人関係をはじめとする課題の改善を目的として、臨床美術協会の協力を得て講師を招いて実施している。

　私が定年退職当時の15年前は、どこの児童養護施設も定員をほぼ満たしているか、超過してやむを得ず入所させていた。これに比べると現在大きな変化が起きている。

　この原因について施設長の坂本氏は被虐待経験があってトラウマを持っていたり、医療的な対応を必要とするケースがほとんどであるため施設としての支援が難しく対応に苦慮する子どもたちが多くいるという。

　この結果、職員は処遇に疲弊し退職していく例が近年みられ、経験知を蓄えたベテランケアワーカーが育たない状況となっている。職員が補充できず、定員に見合った子どもを受け入れることができないため、当該年度の入所児童は定員を大幅に下回り、結局翌年度には定員の改定を迫られ、さらに措置費の人件費の支弁が少なくなり、処遇に影響をもたらすという悪循環を生じることが懸念されているという。

　また、児童養護施設から里親委託に措置変更された子どもの中には1対1の人間関係で生活していないため、里親に馴染めないケースもでてくる。したがって里親が里子を育てる場合などでは、常に身近に子育てをサポートしてくれる人材が必要となってくる。

○退所後の子育て（若者）支援——退所児童も職員も利用できるどんぐりカフェと食事提供カードとレシピ

　新しくできた「どんぐりの塔」には事務室他診療所、カフェが入る。ここで

第3章　新たな子育て支援への模索

どんぐりの塔の玄関

受付

カフェの内部

カフェ内にある掲示物
卒園生給食パスポートとソーシャルディスタンスのとり方について説明している。卒園生に施設で提供した食事内容が記載されているレシピを卒園時に持たせたり、どんぐりカフェを利用でき、卒園時に食事提供カードを渡し、このサロンを使って食事ができるようにしている。

81

は卒園生も利用できるので、掲示板には人との距離の取り方や厨房で作成したレシピを手に入れることができる張り紙があった。そして卒園生の居場所にもなっている。

どんぐりの塔の壁面にはボルタリングができるようになっていて、子どもたちが挑戦している。1階には事務室と診療所があり、院内処方箋が可能となっている。2階には職員の厚生施設としてのサロンもあるが、これはコンサルタントを入れてつくったものである。

ある日の盛りだくさんな夕食メニュー

卒園生に持たせるレシピのメニュー（細かく調理の仕方が書かれている）

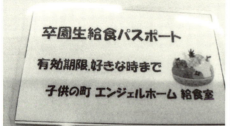

新聞にも紹介された卒園生給食パスポート
（令和6年5月2日　埼玉新聞掲載）

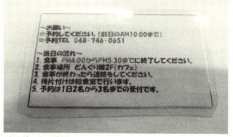

パスポートの裏面

ここをつくるにあたって職場環境の改善、働きやすい環境づくりのために職員の意見を取り入れたとのこと。

○新たに地域との交流、地域の子育て支援を模索する

かつてこの施設は、保育園も併設し、住民の要望に添って診療所も開放していて地域に開かれた施設であったが、宅地化が進み民間の診療所が参入し、保育所もできていく中で次第に地域との接点を失っていった。しかし、被虐待児が入所児童の多くを占めるようになり、学校との連携が必要となってくるにつれ地域との結びつきが再びできていった。夏期や年末年始に市町村社協でおこなっていた「ふれあい里親事業」により、子どもを地域の家庭に預けていたが、現在はこれに代わる制度として「さいたまフレンドほーむ」（施設入所児童家庭生活体験）事業を実施する際に、埼玉県登録の里親家庭に預けている。

卒園児の中には、施設を出て仕事についても適応できず、施設に身のよりどころを求めて戻ってくる卒園生もいて、普段実習生が宿泊する部屋を一時的に提供したり、近所にアパートを借りて住まわせるなど対応策に苦慮することもあるという。これは単に施設だけが抱え込む問題なのだろうか。また、施設長が言われたとおり「より個別化に向いている子ども、すなわち里親に向いている子どもと距離を保ちながら支援をおこなったほうが向いている子どもがいる。したがって児相は一時保護をおこなう段階から子どもの年齢、性格や行動を見極めて選択していく必要があり、何でも里親、養子縁組が第一選択ではないと思う」とのこと。

子供の町の理念の一つに「地域の親子に寄り添う施設づくり」が掲げられている。時代の流れとともに親子の在り方や課題も変化してきているなか、児童養護施設の多くの子どもたちやその背景と向き合ってきた専門性を、地域のニーズに対しても活用できるのではと考えている。地域に対しての支援を模索していきたい。

(3) 児童養護施設江南
○退所児童支援及び要支援家庭への出前相談、多目的棟の活用、独立した一時保護棟での処遇

この施設は、JR高崎線熊谷駅から車で15分はかかる旧大里郡江南町に移転設置された。

施設長の小島氏がこの施設で重視していることは「個別化」であると言う。「個別化」とは、児童一人ひとりの育ってきた環境や虐待で受けた心の傷は違うことを理

解し、丁寧にアセスメントをおこない、ニーズに合った支援を提供していく。そのうえで、食器から寝具まで入所児童の私物として与えられ日常生活用具の共用はしないことを原則とし、個々人を大切にすることをモットーとしていると話す。また、子どもたちに寄り添い、権利擁護を意識した支援をおこなうために建物の構造や配置も小ユニット単位としている。子どもたちにとっては職員と接する機会が多くなり、より家庭的な支援ができるという。

本体施設内にあるプレールーム

箱庭療法室

令和5年11月現在、児童養護施設江南は本体施設1棟が1ユニット6人×2で構成され、職員が7～8人配置されている。そして、この棟が敷地に3か所設置されており、本体施設定員は合計36人となっている。このほかに定員6人の

地域小規模児童養護施設3か所、同じく定員5人が1か所あり、施設全体で合計59人の定員となっている。

また、本体施設事務棟の2階には地域交流室や会議室、面接室、プレールーム、箱庭療法ができる心理室が整備されている。この施設の大きな特徴の一つに、地域支援事業を定期的におこなっていることがあげられる。各自治体関係機関と協議のうえ、遊具持ち込みで各自治体の会議室等を利用して「出前相談と出前プレイセラピー」をおこなっている。

○地域支援事業──訪問型サービスにも職員を配置するなど力を入れている

地域心理支援、地域FSW支援ともにアウトリーチでおこなう。地域支援事業には3つの事業があり、それをまとめたものが以下の表である。

	地域心理支援事業	地域FSW※支援事業	親子支援事業
対象	地域の要支援家庭、里親、ファミリーホーム、自立援助ホームの児童 施設退所者	家庭復帰を予定する施設入所児童家庭 家庭復帰後の家庭 地域の要支援家庭等	地域の要支援家庭 里親・特別養子縁組家庭、特定妊婦 家庭復帰間もない児童のいる家庭等
担当者	施設の心理療法担当職員、家庭支援専門相談員、里親支援専門相談員、自立支援担当職員などが連携して対応	左同	左同
場所	学校の空き教室、市役所、公民館等の会議室など	訪問等（家庭、市役所等） 地域の資源の活用	施設への通所（施設の面接室、心理室等）
支援方法	本人に対する心理療法・面接（プレイセラピー、カウンセリング）	保護者に電話や面会、家庭訪問などの相談援助を行う。また相談内容に合わせて関係機関の情報提供、及び必要に応じて機関連携を図る。	対象者に対して面接等で相談援助を行う。また相談内容に合わせて関係機関の情報提供、及び必要に応じて機関連携を図る。
支援の主な対象ケース	現在は、虐待による一時保護を経た小・中学生の家庭復帰後のケース、及び地域の要支援家庭の子どもと施設退所者が多い。	一時保護など、児童相談所や行政が取り扱っているケース。施設から家庭復帰を目指す、又は家庭復帰したケース。	左同 及び、子育てに不安があり助けを求めている退所者の家庭などを含む。

※地域FSW：地域の要支援家庭を支援することを専らにするファミリーソーシャルワーカー（家庭支援専門相談員）。入所児童については別にFSWが配置されている。

この3つの事業のうち地域心理支援事業、地域FSW支援事業は国の令和3年度以降における児童入所施設措置費等負担金の拡充から始まったものであり、

地域の里親、ファミリーホーム、自立援助ホームなどを巡回して支援をおこなう事業であるが、加算としての人件費を使って心理担当職員を1名常勤として雇い、心理担当職員2名で業務を始めたものである。対象は地域の子どもの要支援家庭、要保護家庭を想定しているが、上記のとおり現時点では主に江南の一時保護棟退所児童の家庭復帰後のフォローが中心となっている。この事業の利用にあたっては保護者から同意書を取り、児童相談所、学校、市町の行政機関を含めたケースカンファレンスを実施している。また、経過については、途中で関係者の出席のもとに半期に1回程度ケースカンファレンスをおこなっている。さらに毎回面談内容を含めた情報を担当者と電話や直接会って共有している。

対象児童に合わせたゲーム、遊具、積木等を持ち込み、プレイセラピーや面接をする

行政と協議したうえで、ケースによっては通いやすさと安全性を考慮した公民館を面接場所とした

子どもとの面接に学校の空き教室を使用することもある（画像は空き教室）

多目的棟（本体施設敷地内）

第3章 新たな子育て支援への模索

　この事業は県内でも始めて実施されたものであり、全国的にも注目される事業である。児童養護施設や一時保護所などからの家庭復帰したあとの見守りという形で具体的な支援が事実上おこなわれないことがあるが、より切れ目のない支援をおこなうことによって要支援家庭の相談や虐待の再発予防、家族再統合を進めるうえでの大きな役割を果たしていけるものであり、今後の活動に期待するところである。

○**多目的棟の利用**
①リービングケアとしての高校生対象の自活体験
　　１日1,000円の食費を支給し、献立作りから購入、調理も自分でおこなう。また、学年が上がるにつれ回数や日数も増やしていく。しかし、児童の状況に合わせながら設定している。
②アフターケアとして卒園生が生活困窮時に一時宿泊の場を提供したり、里帰りとして来園した時などに宿泊することがある。

多目的棟のリビングキッチン

多目的棟の居室

○**一時保護棟（定員６人）（本体施設敷地外）の設置**
　本体施設内にあると処遇内容が違う子ども同士になるので、本体施設から離れた場所にある一時保護棟のため境遇が同じであり落ち着く。熊谷児相が窓口となり県内各児相の一時保護委託を受けている。一時保護された児童が安全で安心した生活を送れるようにしていくため、管理的な養育とならないようにしている。

具体的な取り組みは以下のとおりである。

①生活用品等は可能な限り個人所有物とする。

茶碗、お椀、箸、コップ、筆記用具、衣類、タオル類。

②保護開始時に一時保護所での約束事をわかりやすく伝える。

③食事の無理強いはしない。

適切な成長発達のため、嫌いな食べ物でも一口は食べてほしいと促すが、無理強いはしない。また、全部食べないとお替りをさせない、一度手を付けた物は残すことはできないなどはおこなっていない。

玄関にある意見箱

④児童同士の会話の制限はおこなわない。

学習時間などは会話をしないようには伝えるが、食事場面や余暇時間などでは制限はしない。

⑤他児童の居室には入らない。

居室はプライベートな空間として安全・安心感が保障されるようにするため。

⑥施設外への外出

保護者の強引な連れ去り等が予想されない場合はできる限り、施設外への外出ができるよう心掛けている。近所の公園や施設外の散歩は頻繁に出掛け、毎回ではないがスーパーに連れて行き、好きなおやつを買う機会をつくっている。

⑦私物の使用

児童が保護期間中に私物の使用を希望した場合は、児童相談所の許可を取り、居室内とすることが多いが、使用場所を決めて使用している（ゲーム機や文房具、ぬいぐるみなど）。

⑧学校登校

児童が学校への登校を希望した場合は、片道概ね30分以内であれば職員の送迎で登校できるようにしている。

⑨お年玉の配布

第3章　新たな子育て支援への模索

年始時に保護されている児童には1,000円のお年玉を配布している。買い物に連れて行き、お年玉で好きな物を買う機会をつくっている。また、保護終了時には購入したものは持ち帰らせている。

一時保護棟の掲示物

一時保護棟のキッチン

取材の締めくくりに、小島施設長が思う子育て支援を語ってもらった。
「我々職員の役目は、不適切な養育環境の中で育った子どもに対して、職員との関わりを通して子ども一人ひとりが『自分は大切な存在』、そして『他者も大切

な存在』として感じられる支援・養育を提供することです。このような支援・養育により、子どもの育ちにとって大切なアタッチメントの形成が職員との間でなされ安心して生活ができることで、子どもたちの成長に繋がるものと思われます。日々、職員は児童養護施設の主人公は子どもたちであることを忘れてはいけません。」

（4）児童養護施設いわつき、いわつき乳児院
○退所児童アフターケア、地域支援、里親支援、ボランティア団体からの支援

　児童養護施設いわつきは、昭和57年7月に3番目の埼玉県立児童養護施設として誕生した。いわつき乳児院は、平成17年10月に同一敷地内の元幼児棟を改修し、さいたま市が所管する小規模乳児院（定員9名）として開設された。児童養護施設は定員88人、令和6年4月1日時点の定員は79人＋一時保護委託3人の計82人となっている。過去8年間の入所状況は次のとおりである。

入所（措置）理由（各年4月1日現在）

	虐待（割合）	保護者の疾病	保護者の家出	生活困窮	死別	服役	その他	計
H28	45（56%）	10	1	10	2	3	9	80
H29	47（60%）	8	1	7	2	2	11	78
H30	49（61%）	10	1	6	1	2	11	80
H31	53（62%）	9	1	6	1	4	11	85
R2	52（61%）	8	1	6	1	5	12	85
R3	49（60%）	6	1	6	0	7	13	82
R4	44（58%）	6	1	6	0	4	15	76
R5	40（51%）	8	0	6	0	6	18	78

虐待経験のある児童の入所状況（入所後に判明）

	身体的	性的	心理的	放任・怠惰・拒否（ネグレクト）	計（現員に対する割合）
H28	16	4	6	30	56（70%）
H29	19	5	9	23	56（72%）
H30	23	3	7	24	57（71%）
H31	31	4	12	25	72（85%）
R2	29	3	15	26	73（86%）
R3	33	3	12	21	69（84%）
R4	26	3	10	22	61（80%）
R5	25	5	8	25	63（81%）

第3章　新たな子育て支援への模索

　虐待を入所（措置）理由とする割合は、平成30年（61％）、31年（62％）当時に比べて下がってきているが、令和5年は51％と依然として高い状況である。

　なお、虐待経験のある児童の状況（入所後に判明）については、直近5年間において80％以上となっており、治療的養護の必要性が高い状況が続いている。

○治療的養護の実施状況

　虐待等によってさまざまな「心の傷」を受けた児童に対して、精神科医、臨床心理士・心理担当職員による心理療法等を通して、心の傷を癒す治療的な関わりを進めている。以下の表は、過去7年間の治療的養護の実施状況をまとめたものである。

	平成28年度		平成29年度	
	児童の治療	職員相談	児童の治療	職員相談
精神科医	20人・101回	62回	28人・164回	53回
臨床心理士等	30人・952回	153回	39人・1049回	65回

	平成30年度		令和元年度	
	児童の治療	職員相談	児童の治療	職員相談
精神科医	27人・103回	33回	36人・202回	76回
臨床心理士等	25人・274回	65回	39人・1312回	234回

	令和2年度		令和3年度	
	児童の治療	職員相談	児童の治療	職員相談
精神科医	42人・280回	38回	32人・256回	10回
臨床心理士等	41人・1267回	229回	37人・910回	174回

	令和4年度	
	児童の治療	職員相談
精神科医	30人・232回	23回
臨床心理士等	39人・787回	121回

疾病状況の種類からみると、精神疾患が25人と全体の約3割という高い割合となっている。その他、アレルギー疾患のある児童の割合も高いことから、定期的な通院や内服管理、日常的なケア等をおこなっている。

疾病状況（令和5年4月1日現在）

疾患の内容	児童数（人）	備考
精神疾患	25	
気管支喘息	0	
アトピー性皮膚炎	6	
アレルギー結膜炎	9	実人数　50人
アレルギー鼻炎	10	
てんかん	0	
その他	36	
計	86	

※その他とは、心室中隔欠損、脊椎側弯症、間歇性外斜視、感音性難聴、下垂体機能低下症、神経線維腫Ⅰ型、円錐角膜など

　入所児童のこうしたケアニーズの高い状況に対し、生活棟の指導員をはじめ、心理療法担当職員、家庭支援専門相談員、看護師等が連携し支援にあたっている。

○地域との交流事業

地域懇談会

　地域の民生委員、自治会長、学校の先生などを施設に招き、施設の概要説明、児童の現状等を伝えるとともに、地域の状況等も情報交換する場を毎年設定している。

第3章　新たな子育て支援への模索

高齢者施設入所者との交流
　令和5年11月に介護有料老人ホームに入所児童が訪問し、配膳の手伝いをおこなったり、入所者と一緒にゲームを楽しんだり、体操やストレッチをおこなった。いわゆる慰問的な内容ではなく、入居者の方と児童との交流の場となり、児童達にとっても思いやりなどを育むきっかけになった。

○児童養護施設いわつきにおける自立支援事業
インターンシップ（社会就労体験）
　令和4年度は、高3男子が建設会社でのインターンシップを経てそのまま就職したケースがあった。
　令和5年度は、高3女子が夏休み期間を利用し、特別養護老人ホームでのインターンシップをおこなった。就職にはつながらなかったが、進路選択をおこなううえで自信に繋がった。

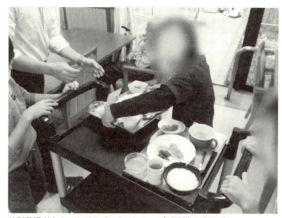
特別養護老人ホームでのインターンシップ（配膳の手伝い）

児童自立サポーターズ
　民間企業の経営者、民生委員、職員OBなどがサポーターズとなって、中3生から高3生までを対象に、「職業判定テストの活用」「アルバイトでの履歴書の書き方」「進路選択をおこなううえでのポイント」などについて児童に講義や助言をする取り組みをおこな

スライドを使っての講義

93

っている。また、模擬面接の実演もおこない、就職や進学など、進路ごとにアドバイスをおこなった。また、職業判定テストの活用では、児童自身が自分の興味や仕事の適性を知るきっかけとなり、今後、何をどのように調べ準備すればよいのか等、具体的に考えることのできる機会となっている。

模試面接

　模擬面接等の後「もうすぐ社会人」というテーマでスライドを使って講義形式で指導を受けた。仕事に対する考え方、仕事の持つ意味、人間関係の心構え、生活資金の自己管理など、幅広く直ぐに活用できる内容となっている。

　最後に講評としてサポーターズから受講生一人ひとりについての激励のコメントをいただく。児童からも講義等を受けての感想や今後の取り組みについて語ってもらう。

リービングケアの取り組み

　公益財団法人の支援を受け、児童が社会に出てから必要になるお金のやり繰りや、遭遇するであろう出来事などをゲーム形式で学べるキットの提供を受ける。このゲームを通じて、自然とお金の使い方が学べるものになっている。

　実際のやり方は、いわゆる「すごろくゲーム」形式で、サイコロを振って出た

マネークリップレクチャー（お金の使い方）として、ゲーム形式で職員が実際に体験

第3章　新たな子育て支援への模索

目のマスに書かれている指示に従うもの。具体的には、運よく懸賞に当たるなど臨時収入が入ることもあるが、冠婚葬祭や交際費などイレギュラーな支出もイベントとして組み込まれている。いわゆる、社会生活で起こりがちな、収入、支出、資産（預貯金）の変動などを、どのように乗り切っていけるかをゲームとして楽しく体験することができる。

ゲームで使用する小道具

施設退所後の支援（アフターケア）

退所時点で本人には、施設の電話番号とメールアドレスを書いた「アフターケアカード」（画像）を交付し、困ったときにはいつでも施設に相談できるような体制をとっている。施設として、退所後5年間は、職員が電話やメール、訪問等により本人の状況を定期的に把握しフォローしている。なお、5年経過後であっても必要に応じて相談を受けることとしている。

また、毎年同窓会を開催し、卒園生同士や職員（OBを含む）との懇親を深めている。そのほか、地域住民の支援を受けた後援会組織「いわつきの子どもたちにエールを送る会」があり、退園生に対し支給金を交付したり、広報誌「けやき通信」を発行し、個人や法人の賛同者を募っている。

アフターケアカード（表面）　　　　　アフターケアカード（裏面）

地域行事への参加

　令和5年10月、さいたま市岩槻区で毎年おこなわれている「やまぶき祭り」に参加した。県里親支援専門相談員連絡会と共同で里親制度に関するブースを設け、里親制度をクイズ形式で学べる内容としたほか、乳児院スタッフがフォトフレームを製作し、来場者に気軽に写真撮影を楽
しんでもらう企画とした。同時に来場した親子連れに、12月予定の子育て世帯向け講座の案内をおこなった。

里親懇談会

　児童養護施設や乳児院から里親委託になった里親家庭を懇談会に定期的に招待する取り組みをおこなっている。懇談会では、里子の発達上の悩みや疑問等を打ち明けてもらい、スタッフからのアドバイスや他の里親からの話を聴くことで、交流や情報交換をおこなう機会となっている。なお、児童相談所等からの依頼で、施設からの委託以外の里親家庭や、養育経験のある先輩里親等にも参加を呼びかけ、互いに支え合うことのできる場としている。

子育てサロンへの職員派遣

　自治会が主催する子育てサロンに、乳児院スタッフ（相談員・看護師）を派遣し、地域の子育て世帯への支援（相談コーナーでの情報提供など）をおこなった（48ページ参照）。

ボランティア（団体）の協力

　学習支援（学習塾の講師の方が小中学生に勉強を教える）、ラーメンチエーン店（施設の厨房を使ってラーメンを振る舞う）、ロータリークラブ（さまざまなイベントの実施）、理容店（乳幼児〜小学生対象の散髪）、郷土料理の会（実演と子どもの調理体験）、パンの製造会社（工場見学とパンの定期的な寄贈）、奇術の披露、夏季キャンプ（ボランティア団体により県内の他の施設も参加する）など、さまざまな団体、グループ、企業が定期的に協力をしてくれる。こういったボランティアによる支援は施設の子育てを地域や外部から支える重要な役割を担っている。

地域住民の参加を得ておこなう防災訓練

　月1回の施設の避難訓練のほか、地域住民が参加し消防署員による講話や実地指導により、消火訓練などをおこなっている。

子育て支援とは（管理者コメント）

　当施設では、県が100％出資する社会福祉法人運営の児童養護施設・乳児院として、地域福祉に貢献することを経営理念としている。引き続き、地域のさまざまな関係機関と繋がりながらニーズの把握や情報収集をおこないつつ、施設が持つノウハウや専門職等の人的資源を活用した地域の子育て支援に貢献していきたい。

2 乳児院から乳幼児総合支援センターへ

○乳児院は変わる——乳児院の多機能化を探る

　従来、乳児院は里親のレスパイト、ショートステイを含めインケア中心であった。子育て支援から要支援、要保護（駆け込み出産を含む）、入所措置まで乳児院がワンストップでおこない、乳児院として持っているノウハウを生かして虐待を予防するシステムを持つことを目指している。

　乳児院50周年記念にも地域支援が掲載されている。記念誌によると当時においても乳児院の地域支援はおこなわれていた。それは「施設の社会化」という見出しで、①育児相談・テレフォンサービス、②ファミリーケースワーク、③デイケア、④ショートステイ、⑤障害児保育、⑥ボランティアが挙げられている。

　平成28年に児童福祉法が改正、「新しい社会的養育ビジョン」（平成29年8月）の提言内容を踏まえて発出された「都道府県社会的養育推進計画の策定要領」（平成30年7月）により、既存の都道府県推進計画は令和元年度末までに見直し、以降10年間において取り組むこととされた。これに対して全国乳児福祉協議会は「乳幼児総合福祉センター」を立ち上げるべく、その内容の具体化を検討してきた。

　「『乳幼児総合支援センター』〜乳児院の包括的なアセスメントを活かす支援体制」〜特別委員会 報告書」（令和6年5月）の第4章第3節「乳幼児総合支援センター」が備える機能として挙げてあるものは次のとおりである。

　専門養育機能、親子関係構築機能、予防的支援機能、一時保護機能、アフターケア機能である。取材した施設がどの機能に該当しているかは個々の事例をさらに検討してみる必要がある。しかし、3か所の乳児院ではそれぞれ特色ある子育て支援をおこなっていて、今までのショートステイ、トワイライトステイ、里親のレスパイトといった個別の対応に留まっていない。乳児院の固定的なイメージが変わった。

第3章　新たな子育て支援への模索

（1）いわつき乳児院での子育て支援等

　家庭引き取りや里親委託を予定している場合に、新生児や乳児に対するミルクの与え方、おむつの替え方等を母親に教えるため、親子訓練室等を使って泊まりで体験してもらう取り組みをおこなっている。

　新型コロナ以前になるが、前述以外の地域支援事業として、乳児院や地域の高齢者施設の地域交流室等を使用し、「赤ちゃん塾」や「タッチケア講座」等を開催した。

　また、さいたま市岩槻区でおこなわれたやまぶき祭り（96ページ参照）や子育てサロン（48ページ参照）にも保育士等が参加し支援をおこなった。

地域支援事業

　令和5年12月、子育て世帯向け講座として「赤ちゃんのお口育て～賢く育つ離乳食～」を企画・開催した。歯科医院の健康管理士が講師となり、離乳食の内容や進めるポイントなどについてアドバイスを受けられる内容として3組

(7名) の親子が参加した。乳児院のスタッフからは、手遊びやクリスマス製作などを提供し、参加者の交流をおこなった。

子育て世帯向け講座の様子

(2) 二葉乳児院の「地域子育て支援センター二葉」

　二葉乳児院の前身は1900年（明治33年）に野口幽香、森島峰の2人によって二葉幼稚園として創立されその後、二葉保育園と名称が変わり今日に至っていることはあまりにも有名である。児童家庭福祉の歴史を載せている書籍や論文などには必ず掲載されている施設でもある。

　また、社会福祉法人二葉保育園は二葉乳児院をはじめとして、二葉学園、二葉南元保育園、二葉くすのき保育園、二葉むさしが丘学園（児童養護施設）、自立援助ホームトリノスを経営している。このうち、乳児院は1948年に児童福祉法上の施設として認可され、2000年には子どもショートステイ事業を開始、2003年には地域子育て支援センター事業を開始するなど、さまざまな地域における子育て支援に乗り

地域子育て支援センター二葉の入り口

第3章　新たな子育て支援への模索

出している。このように乳児院が積極的に地域の子育て支援に手を差し伸べるのには虐待の疑いが持たれるケースの場合、子育て支援の段階から行政（区）につなげられやすいことと、長年乳児院の職員としての経験上いちど親子分離を

おこなうと再統合のハードルが高くなるケースもあり、親子分離をしないで済む関わりがまず必要であると考えられるからである。なお、全国乳児福祉協議会は『乳幼児総合支援センター』をめざして乳児院の高機能化・多機能化の構想を進めている。子育て支援センターの事業は、その機能の一つである。

　子育て支援事業のメインとなるひろば事業は子育て家庭の孤立化を防ぐものとして始まったものであり、さまざまな特徴的なプログラムが毎月用意されている。

○地域に開かれた施設「出張ひろばinイドバタ」と「二葉こどもまつり」

　令和6年5月のプログラムの「出張ひろばinイドバタ」は、家屋の所有主の方から地域の居場所にしたいという申し出があり、空き家となっているところを「出張ひろば」として活用させていただいている。この試みは区社会福祉協議会を通じて実現した。当初は子育て家庭の

ひろばへの来館に力をいれていたが、少子化の時代において今や子育て世帯はマイノリティになっているので、この事業を通じて、子育て家庭は地域の中にいるものであり、地域の人も一緒に子育てを楽しむきっかけにしたいと地域子育て支援センター長の吉野さんは説明されていた。ちなみに5月は「ハンドマッサージで癒やされよう」というテーマでハンドマッサージのボランティアの方がママ、パパに対し施術をおこなってくれるプログラムとなっている。な

お、このような「出張ひろば」を今後も他の場所で展開していくことを現在計画中である。5月11日（土）には「二葉こどもまつり」がおこなわれ、工作コーナーやゲームコーナー、お楽しみタイムなど就学前の地域の子どもたちを対象に親子で楽しめるイベントをおこなった。

ふたばっこ（多目的に使える部屋）　　　ひろば（主なプログラムはこの部屋でおこなう）

○他の専門職の活用、そしてきめ細かなプログラム

理学療法士がひろばに在中しているプログラムもあり、子どもの成長、発達を見守りながら子どもたちの遊びの中に入り、寝返り、ハイハイを促す運動遊びなどをおこなっている。

このほか、臨床心理士・公認心理師、理学療法士の相談日、助産師の相談日として「ほやほやサロン」を設けている。

また、2023年4月2日～2024年4月1日生まれの子どもとその家族及び妊婦を対象とした「おひさまサークル」、2021年4月2日～2023年4月1日生まれの子どもとその家族を対象とした「にじサークル」にクラス分けをして室内での遊びや外遊びを行なっている。実に多彩なプログラムと子育てのスキルを支援するプログラムが組まれている。また、一時保護事業やショートステイをおこなっていて子育ての息抜き、リフレッシュの場としても利用されている。

第3章　新たな子育て支援への模索

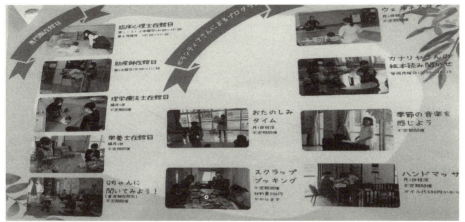

色々な行事のお知らせ（上下）

二葉こどもまつりのチラシ

○利用者同士の支えあい

　今年度も「プレママ・プレパパの集い」を年間6回予定しており、先輩ママさんからのリアルな体験談を聞く機会を設けている。

　さらに、子どもに使用したベビー服を持ち寄り100円で販売するコーナーも設けていて、収益はひろばのおもちゃや月1回開かれるカフェに使うコーヒー

持ち寄ったベビー服の販売コーナー

「出張ひろば」の会場となっているイドバタ

イドバタでのベビーマッサージの様子

豆などを購入する代金に充てている。

　センター長の吉野さんは子育て支援について「センターは、実家のように感じてもらえる存在であると考えているが、さらに今は子育て支援を地域と子育て家庭をつなげる場所だと捉えている。母親たちと話をしているとはじめは育

第3章　新たな子育て支援への模索

児の話であっても、家庭のさまざまな話が出てくることがある。支援をおこなう立場の者はみんなソーシャルワークの視点が必要である」と話されていたことが印象的であった。

(3)「乳児院さまりあ」と里親フォスタリング事業
○施設の状況と入所理由

　「乳児院さまりあ」は2019年10月に埼玉県で7番目の乳児院として誕生した。場所は県西部の日高市にあり、最寄り駅はJR八高線高麗川駅、JR川越線の終点駅でもあり下車徒歩5分と非常にアクセスが良い。施設の敷地には同一法人の児童養護施設、児童家庭支援センターもあり、乳児院からの措置変更、要支援家庭などからの相談にもスムーズに対応する地域の社会的養護の要となっている。

　令和6年9月1日現在、定員15名、現員14名で2名の予約が入っているという。小規模グループケアユニット制で1ユニットは5人、3ユニットに分かれており、各ユニットの保育士の配置は6人となっている。2交代勤務で日勤（早番、遅番）と夜勤に分かれている。建物内は新生児から生後約5〜6か月までのユニットと乳児から幼児までの2つのユニットの計3つのユニットからなる部分と事務室、プレイルーム、里親委託や家庭復帰のための親子訓練室、里親フォスタリング業務室などに分かれている。ユニット制の特色は、部屋単位の生活なので小規模で落ち着いた雰囲気と安定した生活ができ、養育担当者と子どもとの距離が近く、より密接な関係が図られ愛着形成が促進される。

　入所理由等についてであるが、全国乳児福祉協議会が令和6年5月にとりまとめた報告書によると、虐待は44％に対し当該施設は41％、心身の状況については病虚弱児38％に対し17名中7名の41％となっているが、このうち虐待による傷害が3名含まれている。虐待種別内訳ではネグレクト38％に対し、同時に身体的ケアの必要性のあるものが42.9％、含まれている。このことから乳幼児の段階ではネグレクトが多いとの統計的数値に対して施設長の川染さんは、実態は身体的虐待が増えてきたのではないかと話してくれた。

105

乳児院全景

里親フォスタリング事務室

乳児居室

沐浴室

プレイルーム

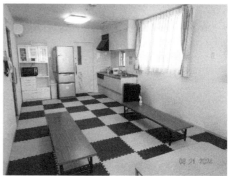
親子訓練室

第3章　新たな子育て支援への模索

里親入門講座のチラシ（表裏）

制度紹介のためのパネル展示コーナー

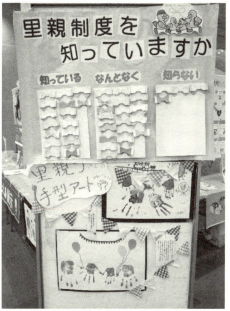

里親制度紹介のための特大パネル

講演会の様子

○虐待は胎児のうちから始まっている
　病虚弱児の中には、母胎時の環境からの影響を受けている場合もある。たとえば、妊婦健診未受診、生活困窮、居所不安定、DV被害といった外的な環境から受けるものと栄養不良、喫煙、飲酒、薬物の摂取など、胎児に直接有害となる内的なものまである。特に薬物離脱症候群として生後も状態が不安定なことにより退院が遅れるなどの後遺症が生じる場合がある。また、健全とされている乳幼児でも発熱しやすい、皮膚が弱い、気管支が弱い、アレルギーの疑いなど罹患傾向が高い。

○乳児院でのソーシャルワーカーと心理、そしてケアワーカーの役割
　家庭支援専門相談員や里親支援専門相談員が中心となって所内での保護者や里親との面接、家庭訪問、要対協への出席、アフターケアといったソーシャルワークを児相や関係機関と連携しながらおこなっている。一方、心理は親子面会時の観察、愛着行動チェックリスト（ABCL）の結果による愛着障害の判定、日常生活で生じる問題行動を理解するため子どもとのプレイ場面でどのような原因でそれが起こるかを究明し、ケアワーカーに伝えるなどアセスメント中心の役割を担っている。このため特に治療についての意図的な介入はおこなっていない。
　感情が未分化の発達段階にある乳幼児にとっては、乳児院でのセラピーは愛着形成を図ることの一点に絞っておこなう必要があると考えている。その役割を担うのはケアワーカー（保育士）である。

○里親のフォスタリング事業
　里親委託が、社会的養護を必要とする子どもにとって大切であるとの認識から令和5年度から受託している。現在3名のフォスタリング従事者を配置し、現段階ではリクルートと研修、実習、アフターケアをおこなっているが、里親支援センターの立ち上げに移行すべく準備をおこなっているところである。今年度は7月に東松山市で里親入門講座を実施し、参加者26人に対し里親制度の

説明、里親・里子の体験談をおこなった。

インタビューの最後に川染施設長から自身が考える子育て支援やその思いを語ってもらった。

「子どもは地域で暮らしていく。本当は施設に子どもが来ないでほしい。しかし、やむを得ない事情から一時的に施設で預かるがいずれ地域に返していく。したがって地域との関係が大事。施設は常に地域と繋がっている。だから自分たちは地域に出ていってカンファレンスに参加している。地域の支援者も施設に来てほしい。そして施設のこと子どものことを知ってほしい。そこではじめてつながりができる。親が相談を拒否する例を見てきた。施設に子どもを盗られたという関係性を感じた。そうでない関係性を地域とともにつくっていきたい。」

第4章

子育て支援のこれから

近頃、気軽に子育て相談、子育て支援が双方向により利用できるオンライン子育て相談・子育て支援が民間団体、行政を問わずにおこなわれてきている。
　これはコロナ禍で外出を制限されたことも大いに関係していると思われるが、コロナの感染が収まってきている現在、本当の意味で子育て支援はどのようにおこなわれるべきか改めて問われている。確かにオンラインは、在宅で必要に応じて相談やプログラムのサービスを受けられるという大きなメリットがあるが、一部ではコロナ感染が収まってくるとやはり子育て支援センターや子育てサロンにニーズを持った保護者が戻っていくという話も聞く。しかし、誰でもスマホ片手に手軽に相談したり、子育て情報をキャッチできることや、対面参加しなくても画面を通じてプログラムに参加できることは、子育て支援のファーストチョイスとしてこれからも重宝されるに違いない。そして、次の段階として子育て支援センターや子育てサロンへの参加等へ結びついていくきっかけともなる。
　また、子育て情報のアプリをつくって配信している自治体もあるが、メールアドレスを入力し子どもの生年月日を記載すると、年齢に応じた子育て情報が得られるサービスをおこなっている。これもよく利用されているという。

1　電子母子手帳、オンライン子育て支援、SNSによる子育て情報

(1) 電子母子手帳、子育てアプリを使った子育て支援

○埼玉県長瀞町の電子母子手帳

　QRコードを読み取る、ないしは町のホームページからのアクセスにより簡単に次の情報にアクセスできる。また、子どもの情報を登録することにより月齢や年齢に応じた最適なサービスがどこでどのように受けられるのかもキャッチでき大変便利である。

QRコードから入るとスマホの子育てアプリに接続できるという案内画面

第4章　子育て支援のこれから

　情報項目としては、妊娠・出産・子育て、予防接取、乳幼児健診、離乳食、イベント情報、届け出・手当、施設検索、医療機関検索、休日・夜間保育などがみられる。

　使い方についてはアプリ内の「設定＞お問い合わせ」よりメール質問が可能である。しかし、直接の対話形式による子育て相談はこのアプリではおこなっていない。子どものケガ等は「埼玉県救急電話相談」を掲載している。

（2）オンラインによる子育て支援
○オンライン型子育て相談・子育て支援——オンラインは子育て相談の主流になれるか

　さいたま市見沼区にある「さいたま市子育て支援センターみぬま」のオンラインを併用した子育て支援について取材した。この事業は認定NPO法人「彩の子ネットワーク」が業務委託を受けておこなっている。

　東武アーバンパークライン大和田駅から徒歩3分の距離にありアクセスが非常に良い。

　さいたま市は各区にある子育て支援センターで地域の特性や住民のニーズに応じて月間行事を組んでいる。この中には、対面型の子育て支援ばかりでなく同じ内容のものを同時にオンラインで参加できるものがあり、センターみぬまではいくつかの行事が両方を選択できるようになっている。

　このため、センターまで通うのに時間がかかる、悪天候や帰省中などのさまざまな理由から対面での参加が困難である親子に対しては、オンラインの利用ができる。オンラインで参加ができるメニューを挙げると令和6年2月はベビベビとーく、あそんでマナブパパサンデー、子育てサロンもも、ストレッチ、シングルマザーズサロン、リトミック、えいごあそび、パパママサロンすも

113

も、子育てセミナーみぬまっく、ふたごみつごサロンがあり、ひろば事業である「みんなの時間」を除いてほとんどのプログラムをカバーしている。内容は表現や運動を伴うもの、子育てについての学びや悩みなどを話し合うものなど多岐にわたっている。

コロナ禍の時期に比べ対面参加の方がオンラインよりも増えている傾向にはあるが、在宅で参加できるオンラインは魅力があり子育て中の親たちに一定の支持を得ていると思われる。なお、参加するためには対面参加と同様に氏名、連絡先、子どもの名前などを前もって登録することになっている。

○子育てセミナーみぬまっく

オンラインプログラムの一例、子育てセミナーみぬまっくを取材した。取材日当日は、「赤ちゃん・子どもに教えてもらオーっと♪シリーズ」の3回目「『イヤ！』『ジブンで！』『やってー！』から育つ、ワタシの生きるチカラ」で、いわゆる「イヤイヤ期」にある子どもとどう向き合うかを取り上げ、母子6組＋オンライン3組が参加した。

プログラムを簡単に説明すると、システムを操作し全体を進行する役割と発言する参加者にカメラ付きのマイクを向ける役割、そしてインタビューをおこなう役割の3者によりおこなわれる。また、会場に設定された大型のスクリーンにはアドボケーター（赤ちゃん・子どもの代弁者）、インタビューを受ける母親、会場の様子、オンライン参加者の親子の姿が分割して映し出され、アドボケーターと相互にやりとりができるようになっている。参加者はそれぞれイヤイヤ期を迎えた子どもについて、親としてとるべき態度に苦慮したエピソードを話す。これに対しアドボケーターがコメントする形で、順番に母親にマイクを向けていく。後半は母親から提供された画像や動画が映し出され、具体的場面を通して、子どもの様子や、母親が子どもにとった行動を話しながらコメントをもらい、一人ひとりの子どもたちへの理解を深めていく。同様にオンライン参加者からもイヤイヤ期を迎えた子どもの体験談やオンライン参加の感想が話された。

第4章　子育て支援のこれから

インタビューや会場の様子を伝えるためのツール

スクリーンに映っているアドボケーターやZoomでの参加者とともに相互に意見を交換しながらセミナーをおこなう

インタビューの様子

　特に注目したのは親が提供した子どもの画像について具体的にコメントを受けるコーナーである。経験談だけでなく、よりリアルにそのときの状況が参加者やアドボケーターに伝わり参加者全員が場面を見ながら体験を共有できるので良い企画であると思った。

あらかじめ撮った子どもの写真を持ちよって画面で共有し子どもの行動の理解を深める

　できれば、この部分だけでも焦点化させ、オンライン画面を通じて参加者同士が、体験や、「私の場合はこうした云々」というような意見交換ができてこのテーマを共有し、深めることができるならオンラインの効果はさらに発揮されるのではないか。

115

○うれしいも、たいへんも、もちよって子育てサロン「もも」

　このメニューは子育て支援センターみぬまの建物内にある地区社協と共有のスペース（会議室）を使って毎月1回開かれる。

　3つの約束事（参加メンバーの話に対して批判や助言をおこなわない、話したくない気持ちも大切にしたいので聴いているだけの参加もOK、ここでの話は外に持ち出さない）を参加者みんなで確認し合いスタートしている。ここでの話題は、子どものことからパートナー、家族、自分自身のこと、仕事、幼稚園と保育園の選択など、日頃思っていること、悩んでいることや大変さを声にすることができる。センタースタッフがファシリテーター役を務め、アドボケーターとともにおこなっている。

○親子deリトミック──さいたま市子育て支援センターみぬま

　このプログラムの取材の目的は2つある。その一つはリトミックとは何かを知ることであり、もう一つはオンラインによる子育て支援を取り上げるためには自分自身、オンラインに参加することである。Zoomによるオンラインの基本的な操作を学ぶことにより、参加の手続きを知ることはもちろんのこと対面式の場合と比べ、どのような違いがあるのかも知りたかった。そこで、会場とは別の部屋に自分のパソコンを持ち込み操作の指導を受け体験した。

Zoomによるオンラインの画面

オンライン参加者のアドレスが右画面に映し出される（白塗りの箇所）

第4章　子育て支援のこれから

　画面上では全体を映し出したものとオンラインを操作する役割の者、オンライン参加者の自分ともう一人の方が映っているものが区分されて構成されている。今回は「子育てセミナーみぬまっく」のようなアドボケーターを介して会場の参加者やオンライン参加者同士の意見交換はなく、オンライン参加者は画面全体に映った内容から体験することになる。

　次にリトミックであるが、講師の先生が手元の電子ピアノを弾きながら参加した親子にテキパキと指示を出すことによりおこなわれた。参加者は円陣を組み先生の指示に従って子どもと一緒に歩行をすることから始まり、音楽にあわせ歩行を速めたり遅めたり動作を入れたり、子どもを抱っこしながらおこなったり、子どもを膝の上に乗せたり、子どもと一緒に床を転がったりする。トータルで30分ほどのメニューであるがかなり運動量があり、体力を使うので、子どもがついていけないのではないかと思ったがその心配はなかった。講師の北澤先生はリトミックの最中、話しかけるときは目を合わせることが子どもとの信頼関係を育むために大切であると言う。そして、その運動がどのような意味を持つのかを解説していた。また、リトミックの中で「子どもが転んで泣いたときにスッと起こしてしまうのは生きる力を奪うことになるので、『痛かったの』『怖かったの』『びっくりしたね』というような、子どもがそのとき感じた感情を言葉にして伝えてあげ、自分で立つことができるまで待ってあげることが生きる力を育むためにとても大事である」という子育てのコツも伝えていた。

キーボードに合わせてリトミックを体験する場面

先生のリトミックに込められた思いはアタッチメントの持つ意味を伝えることでもあり、相手に共感し受け入れることから始まると力説されていたことが印象的であった。リトミックは子どもの持っている潜在能力（集中力、想像性、思考力、創造性など）をすべて高める教育であり、右脳が発達する。単に音楽に合わせてリズムに乗り楽しむだけではないことがわかった。

(3) SNSによる子育て情報
○ブログやインスタグラムによる子育て支援事業の紹介（さいたま市子育て支援センターみぬま）

　センターみぬまではブログ「アメブロみぬまっく〈空飛ぶ教室〉」を開設しており、プログラム「"赤ちゃん子どもに教えてもらう"子育てセミナーみぬまっく」の内容を編集して紹介し、赤ちゃんや子どもがどんなふうに感じたり考えたりしながら生きているかを伝えている。

　他にも月間行事予定表を載せるだけでなく紹介文と一部画像も取り入れ、過去におこなった行事やこれからの予定も含めその様子がわかるようにしている。忙しく、自分の時間が持ちづらい小さい子を持つ母親は、活字や長い文章による説明よりも、簡潔な文章で感

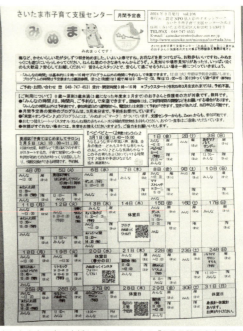

さいたま市子育て支援センターみぬまの「3月月間予定表みぬまっく」にキャラクター「みぬまっく」が入っている日のメニューはオンラインでの参加も可能

覚的にわかりやすい画像やイラストを入れたインスタグラムを好む傾向がある。このためインスタグラムによる情報発信もおこなっている。こちらは主に

今後の行事予定を扱っている。ブログやインスタグラムを見ての感想や問い合わせは、メールや電話でおこなうことができ、感想は許可を得て「山びこ号」としてブログの記事にし、読者とのやりとりのツールにもなっている。

2　伴走型の子育て支援へ

○現代の子育て支援に必要なことは何か――今、注目される子育て支援とは？
　「伴走型子育て支援」の3つをケースの実情や支援の方法に応じて使い分ける。
　1）　親子を一緒に保護しケアをおこなう。
　　　　母子一体型ショートケア（大田区）、産後ケア（越谷市、春日部市）
　2）　親子一緒に通所しケアをおこなう。
　　　　親子保育（大京学園）、デイステイ（子育て支援センターみぬま　現在は必ずしも定期的に親子が通所することにはなっていない）
　3）　家庭訪問や居住地近くの公共施設等を利用して相談、ケアをおこなう。
　　　　アウトリーチ型支援（地域支援事業　児童養護施設江南）、ホームスタート事業等（ふじみ野市家庭訪問型子育て支援、長瀞町、二葉乳児院ホームスタート事業、ホームスタート・こしがや）
　なお、2)についてはすでに該当する章で紹介しているのでここではふれない。

(1)　母子一体型ショートケア事業――大田区での取り組み
○子育て短期支援事業は子どものショートスティから母子一体型ショートケアへ
　既存のショートステイは一定の期間保護者が監護できない子どもを、施設が預かる事業であった。
　しかし、家庭や親子間に何らかの葛藤がある場合、分離するとかえって親子関係がこじれるケースもあり、近年、「育児疲れ」などから来る精神的負担を軽減する方法として、母と子を一緒に、支援者の見守りやケアを受けながら親子関係を維持改善する方法もとられるようになってきている。東京都大田区は

独自の母子一体型ショートケア事業要綱を定めこの事業を民間団体に委託している。

この法人は、母子一体型ショートケア事業を昨年5月から委託を受け実施しており、2つの施設でおこなっている。そのうちのある施設は産前の1か月前から産後の6か月まで、別の施設では生後6か月以上就学前までを対象としている。前者の施設では産後の子育てについて、たとえば沐浴を一緒におこなったり、授乳のタイミングを教えたり、場合によっては、家事援助や家計管理をおこなうために家計簿をつけるなど生活全体のサポートをおこなっている。また、これらの2つの施設では他の事業として、パートナーと同居ができなくなったさまざまな事情から母子を保護したり、緊急に居住を確保するケースを扱っている。母子一体型ショートケアを必要とする場合は子ども家庭支援センターが窓口となっている。期間は原則7日間であるが産前産後を含めては3か月の利用が可能である。

キッチンとリビング

こういった制度の必要性の背景には、「予期せぬ妊娠」「望まない妊娠」があり、たとえば、安易な婚前交渉やDV、性被害による妊娠や妊娠葛藤を抱えた特定妊婦が含まれているが、母親の年齢が高くとも望まない妊娠のケースもあり、生まれる以前からのサポートが必要となっている。また、産後ケアのプランとして退所後の見通しについても家庭復帰させるか、母子生活支援施設に入所させるか等の支援のあり方を考えていく必要がある。なかにはショートケアをつないでいく例もみられる。施設としての役割は「孤立しない妊娠」をサポートし、望まない妊娠出産等によって起こる子ども虐待を防止し、分離によりかえって親子再統合が困難になる事例もあるため、家族が離ればなれにならないように実家のように子育てをおこなっていくことを第一に考えているとのことである。

（2）産前教育・産後ケア事業——港区、越谷市、春日部市の取り組み
○東京都港区子ども家庭支援センターでおこなっている2つのタイプの支援

産後要支援母子ショートステイ事業

　出産直後において家庭等から母体の回復及び育児にかかる援助を受けることができない等の状態にあり、母親が体調不良、精神的不安や孤立感を抱えるケースなど特に支援が必要な母子に子ども家庭支援センターの支援計画に基づき利用させている。産後の養育が独りではリスクがあるため病院、助産院に宿泊して適切な支援をおこない虐待の防止を図ることを目的とする。

　①母体の健康状態のチェック及び産後の生活面の指導
　②乳児の健康状態及び体重のチェック
　③育児相談
　④母乳に関する相談及び授乳方法指導
　⑤沐浴指導
　⑥食事の提供

などとなっており、利用期間は6泊7日を限度としている。退院後のフォローについては保健所などの関係機関と連携しておこなっている。

産前産後家事・育児支援事業

　大きく家事支援と育児支援に分かれる。家事支援だけの場合は民間のホームヘルプ事業者に委託しおこなっている。育児支援を必要とする場合は一般社団法人ドゥーラ協会がおこなっている産後ドゥーラ*により家事支援と併せて沐浴の援助、授乳時の見守り、子育て相談、産後における生活相談などを受ける。産後ドゥーラは特に同協会による専門的な研修を修了し、認定を受けた者が支援している。

　産後ドゥーラの利用は、区内に在住する生後7か月未満の乳児とその母親が

＊産後ドゥーラ：ドゥーラ協会で養成する母子専門の支援員による。25歳以上の女性で産前産後を支援する人を3〜4か月かけて研修を受講させ支援員の資格を取らせる。その後は個人として活動する場合と委託団体に登録し要請があれば派遣される場合がある。

対象となっている。

○越谷市における産後ケア事業

埼玉県越谷市は令和6年4月1日現在産後支援事業を8か所（助産院・助産師）でおこない、産後ケアについては6か所（助産院、助産師）と市立病院で事業をおこなっている。市のホームページによると産後ケア事業の対象者は市内に住所のある母親と1歳未満の子どもで、

（1）家族等から十分な家事や育児の援助が受けられない方
（2）出産後、心身の不調や育児不安のある方

が対象になっている。申請をおこなうにはこども家庭センターの保健師が面接をおこないこの事業を受けたほうが良いと判断した場合のほか、本人が市の広報等

豪華で栄養バランスのとれた食事（宿泊者ばかりでなく通所の利用者にも提供している）

で事業を知った場合でも申し込むことができるが、いずれにしても市を経由する必要がある。

この事業をおこなっている「あごら助産院」を訪れ、渡辺助産師さんからお話を伺った。この助産院ではサービスの3種類（訪問型、宿泊型、通所型）のいずれをも選択できるが、それぞれのコースを選択して利用するのではなく1歳の誕生日の前日までの7日間、利用者が3つのサービス類型を組み合わせて、必要なときに利用できる仕組みになっている。

利用に至るケースは次のとおりである。

妊娠届や出産届を出しに来たとき、担当者が（1）（2）のような事情を抱えていると判断しフォローしていたケースや病院で出生し、「エジンバラ産後う

第4章 子育て支援のこれから

つ質問票」の結果等で、問題があり相談に向けられることもある。来所した当日、利用者の中にはとにかく休ませて欲しいと言ってその場で睡眠をとりその間子どもを見たり、子育ての困りごとを1時間話し続け、ひたすら聴くケースもあるという。相談者の話を聴いていくと育児に不慣れなこと、授乳に関すること、

宿泊のための部屋

休養を取りたいなどが主であるが、他には実家の親が病弱で頼れないし夫も仕事で忙しく相談できない、成長発達についてインターネット情報と比較して異常があるのではないかなど心配する、体重が増えないのはミルクをもっと飲ませないといけない、ミルクの飲ませ方が悪いと相談先で言われ、それでも飲まないので不安になるなどさまざまである。これに対して助言するためには体重増加、成長・発育の状況も具体的なエビデンスに基づいておこなっている。さらに、抱き方がわからない、チャイルドシートの付け方や抱っこ紐が使えない、どんなおもちゃをあてがったらよいかわからないなど子育てに伴うさまざまな相談を受けている。支援のうち訪問型はその家庭環境に合わせた助言をおこなえるメリットがある。本人としては夫がいる日に訪問してもらい、夫にも話を聴かせて夫婦で子育てを共有したいと考えて選択する傾向がある。通所型は昼食を挟んでおこなうことが多いが、これは本人が食事をしながら話したいという希望を受けておこなっている。助産院としても食を通じてアレルギーのことなども把握でき、ゆっくりしてもらい、打ち解けた話ができる効果がある。7回または利用時の状況により継続が必要と判断した場合の利用期間を過ぎても問題が解決されないと判断された場合は保健師などの指導に引き継いでいる。宿泊や通所の場合の食事は持ち込みではなく渡辺さんがつくっている。また、市によって決められた料金表に基づき料金は利用ごとに本人負担分を支払う。ケアの結果についても利用するごとに報告書を提出する。あごら助産院は自宅とは別棟になっており、1階が育児相談、乳房ケア、妊婦健診、2階が宿泊

場所となっている。

コロナ禍以前は「プレママ・プレパパクラス」をつくり、新しい家族を迎えるにあたって参加者と一緒に情報交換をしながら妊娠・出産・育児についての学習会を2か月に1回土曜日におこなっていた。今後はまた再開する予定である。

渡辺さんにとって子育て支援とは業務をおこなうなかで得られた経験をもとに伝えることが多いが、同じ内容の話をするにしても家族や実家の親が話すよりも専門家としての助産師の立場からの経験知が母親の心の中に届くことがある。そういう意味での役割も自分たちは持っているのだと思うと話されていた。

あごら助産院では別にベビーマッサージクラスを設けており、月2回開催している。当院で出産した方以外の参加も受け入れている。ベビーマッサージをおこなった後は母親たちの交流の場として授乳や離乳食など育児の経験を話し合ったり、育児用品の買い物に一緒に出かけるなどプライベートな付き合いにも発展している。

プレママ・プレパパクラスを終えるにあたって、季節の食材等を選び調理した手作りランチ（おにぎり、煮物、漬物、サラダ）を提供し、みんなで一緒に食べながら食の大切さを伝えて、健やかな子育てにつながる一助になることを目指している。

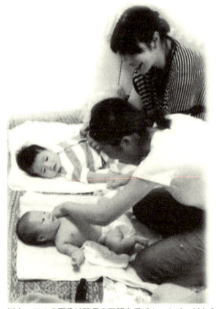

以上、二つの画像は院長の了解を得てホームページから引用したものである。

○春日部市の産前教育・産後ケア事業

埼玉県春日部市では初めての出産を迎える妊婦とそのパートナーを対象に「ママパパ学級〜母親・両親学級〜」を2回ワンセットで開いている。申込み

は電話または市のこども相談課で各回24組までを受け付けている。スケジュールに沿って説明すると次のとおりである。

産前教育

	内容	講師
1回目	女性のお口の健康と妊婦・赤ちゃんの歯のこと	歯科医師
1回目	妊娠中の栄養	管理栄養士
2回目	乳房ケア、出産の経過 パパの育児、産後のママのメンタルヘルス	助産師、保健師
2回目	抱っこ・オムツ替え・着替えの仕方 お風呂の入れ方	助産師、保健師

産後ケア（病院、助産院等による宿泊型ケア）

　産後4か月未満の母親と生まれた子どもが対象。利用できる者は、
- 家族等から家事や育児等の十分な支援が受けられない
- 産後の心身の不調、育児不安
- 母親・生まれた子どもがともに医療的ケアを必要としない

ことを条件とし、サービスの内容は、

・母親へのケア（産後の健康状態のチェック、乳房ケア）

・生まれた子どもへのケア（健康状態のチェック、体重のチェック）

・育児相談、授乳指導、母親への食事の提供

　夜間の母親の睡眠状況によってはスタッフに預けて睡眠時間を確保することもある。期間は6泊7日を限度とするが分割して利用もできる。

（3）家庭訪問型子育て支援——ふじみ野市、長瀞町、二葉乳児院、ホームスタート・こしがやの取り組み

○ふじみ野市立上野台子育て支援センター及び大井子育て支援センター

　公立の子育て支援センターでは、産前産後の事業を実施し、妊娠期から子育て期まで切れ目のない支援をおこなっている。大井子育て支援センターでは保健師が勤務しているため母子健康手帳の交付を実施している。

上野台子育て支援センター入り口

　産前の事業としては「プレママのつどい」という、妊娠5か月以降の妊婦（パートナーも可）を対象に助産師と保健師が新生児の沐浴やケア等について、人形を使いながら実践的に学び、参加者同士で話す機会の場を設けている。また「妊婦と0歳つどい」事業では0歳児を子育て中の方と妊婦が交流

上野台子育て支援センター　プレールーム

し、子どもとの生活や出産前後について実体験をもとに話ができる場となっている。妊娠期から子育て支援施設に来所できる機会を設けることで、出産後に子どもと来所するイメージにも繋がり、子育て支援センターに継続してくる利用者も多いとのこと。

　産後は0歳児対象の事業「妊婦と0歳つどい」「初めての0歳つどい」や「0歳つどい」にて同年齢の子どもを子育て中の保護者と出会い、交流することができる。就学前までの対象施設のため、0歳児から4歳児までの年齢別事業を実施し、親子の出会いの場となっているとのことである。また、月1回開催の講座では「子育て講座」や「子どもの事故防止講座」「離乳食講座」など、さまざまな子育ての学びの機会を設けている。その他、下表に記載されている事業を開催し、親子で気軽に足を運べる施設となっている。気軽に来所できるこ

とで遊びの場としての利用の他に情報提供や子育て相談など個別のニーズに寄り添う子育て支援に繋がっている。

市のホームページや市報等で子育て支援施設や事業を市民に周知することで「家庭訪問型子育て支援」があることも知り、利用した親子が市内の子育て支援施設に継続して来所できるようになるなど、子育て支援の輪が広がっているとのことである。

上野台子育て支援センターの紹介（おたよりからの抜粋）

事業のなまえ	対象	内容	
はじめての0歳つどい（1コース全2回）	0歳児親子 原則として、はじめて子育て支援センターを利用する親子 ※年度内1コースのみ申込可	施設利用方法や手作りおもちゃの紹介、ふれあい遊び、スキンシップについて、赤ちゃんの健康の話、参加者同士のおしゃべりの時間もあります。 ※大井子育て支援センターも同様の内容となります。どちらか片方の施設を選びお申し込みください。	毎月開催 1コース 全2回
つどい	①プレママのつどい ②0歳つどい ③1歳つどい ④2歳つどい ⑤3・4歳つどい	①妊婦とそのパートナー ②0歳児親子 ③1歳児親子 ④2歳児親子 ⑤3・4歳児親子	子育て仲間との出会いとおしゃべりの場（『つどい』）を妊娠期やお子さんの年齢別に開催しています。年齢に合わせ、絵本や簡単な遊びの紹介も行います。	毎月開催 ※3・4歳は隔月
お話会	お話会 子育てサポーターおはなし会	就学前親子	絵本や紙芝居、大型絵本等の読み聞かせなどを親子で楽しみます。子育て支援センター職員と子育てサポーターが協力して行っています。	毎月開催
講座	・子育て（0歳、1歳、2歳、3・4歳） ・食（離乳食、幼児食） ・絵本（0・1歳、2歳以上） ・事故予防（対象年齢なし）	講座内容により対象年齢も異なる ※離乳食講座：2回食以降の乳児	・子育て…保育士等が子どもの成長・発達について話をします。 ・食…管理栄養士が離乳食や幼児食についての話をします。 ・絵本…図書館の司書が絵本の話をします。 ・子どもの事故予防…保健師が子どもの事故予防について話をします。	毎月開催 月毎に講座内容が変更
親子であそぼう		1、2歳児親子	親子で簡単な製作を行います。作ったもので遊ぶ時間や体操、ペープサートなどで楽しむ時間もあります。	年4回開催
親子のわ☆まんまる （★令和6年度からの新事業★）		1歳児以上親子	オリエンテーション、サーキットあそび、チラシあそび、簡単親子制作等を予定しています。	年2回開催 1コース 全4回
身体測定「きりんさん」		乳幼児	就学前のお子さんの、身長と体重のセルフ測定ができます。保健師がいますので、育児相談もできます。（予約不要）	偶数月
自由利用	・自由利用 ・0・1歳自由利用	就学前親子 （妊婦も含む）	親子でゆっくり過ごすことができます。絵本やペープサートなどお楽しみの時間や「シールはり」も行っています。予約不要です。 ＊誕生月に来所の希望者には「お誕生日カード」を差し上げます。スタッフにお声かけください。※年度内に1回	―

○ふじみ野市家庭訪問型子育て支援

現在市内13か所にある子育て支援センター、子育てサロンなどで子育て支援事業をおこなっているが、そのうちの市立の子育て支援センターでおこなっている家庭訪問型子育て支援事業を取材した。

この事業は、主に保健センター経由で紹介を受ける場合が多いが、保護者が直接電話をして相談に繋がる場合もある。まずは電話にて相談内容を聞き、後日の訪問日程を決める。事業回数は全部で4回、1回1時間程度という原則を設けている。

　初回は、相談内容や不安に感じていることを話せる雰囲気づくりをし、支援する側は丁寧に傾聴し受容することを心がけているという。内容は多岐に渡り、子育ての悩みをじっくり聴いていくと、自分の生い立ちや実母との確執等の自分自身の悩みなどを打ち明ける人も多くいる。また、初めての育児に戸惑い、子どもとの関わり方や遊び方、育児用品の使い方等を教えて欲しいなどのリクエストもあるという。

　現代の子育て家庭は、実家が遠いなど周囲のサポートのないなか、乳幼児と1対1の関係で1日を過ごすことが多い。そのため、精神的肉体的に疲弊し外出もできず周囲から孤立してしまう等のさまざまな要因から、家の中で不適切な養育に至ってしまう可能性がある。そのような子育てに行き詰まった状態により親自身の自己肯定感も下がり、その後の育児に影響してくることが考えられる。子どもを妊娠出産し母親になったとしても、初めての子育ては経験もなくわからないことが多い。この困惑した状態から心理的に追い込まれ産後鬱に発展する可能性もある。また、同様の子育て中の親子と出会う機会が少なく身近な情報が得られないために、SNS等の情報に振りまわされ子どもの成長発達に不安を覚えている母親もいる。

　訪問支援の2回目以降は、自宅近くの公園や子育て支援施設に遊びに出かけてみたいというリクエストがあるという。このため市内の子育て支援施設に同行し、その後の利用に繋がることで安心して子育てができるという声が聞かれるとのことである。この訪問支援は、県の子育て支援員研修を受講し資格を取得した保育士がおこなっている。全4回の訪問支援終了後、親子の支援の必要性の有無から再度継続で支援する場合もある。

　コロナ禍の時には人との接触を避ける理由から施設利用が困難なため、この事業を利用する家庭も多かったが、コロナが第5類に移行され気兼ねなく安心

して施設が利用できるようになったことで、以前より訪問型子育て支援の利用者は少なくなっている。

　所長の細田さんが「利用者が少ないことでこの事業の必要性がなくなることはなく、施設に行けない、外出できないなどの理由から家に引きこもってしまう人がいる。悩みや辛さを周囲に相談できる人がいないことで、虐待に発展しないように訪問をしてサポートする仕組みは大切。子育て支援とは子育てを単に手伝うのではなく、親子に寄り添い悩みを共有、共感し『子育て・子育ち・親育ち』を基本に、子育て力を高める『親育て』をすることである」と話されていたことが印象深かった。

○埼玉県長瀞町の子育て支援事業

　長瀞町は埼玉県の秩父地方に位置する。周囲は山に囲まれ町の中を荒川が流れ、ライン下りやロープウェイで登る宝登山からの見晴らし、荒川河岸の岩畳と都内からの日帰りの観光地として有名なところである。

　令和6年1月1日時点で人口は6,453人、児童人口18歳まで

最寄り駅の秩父鉄道野上駅

730人、5歳までは136人となっているが近年人口減少が進んでいる。一方では、都会の喧噪から逃れ豊かな自然に囲まれた生活を求める人もいて、戸建て住宅を取得して移住してくる人もいる。

　こういった町の子育て事情を踏まえ町では、さまざまな子育て支援をおこない人口減少への対策と町の活性化に取り組んでいる。たとえば経済的支援としては、転入してきた子育て世帯への最大50万円の住宅取得手当支給、従来から居住している町民も含め、町内で出産した場合は最大20万円支給、小・中・高生に毎年1万円支給、また出産時に絵本2冊の贈呈などをおこなっている。

これに加えて乳幼児を対象とする訪問型子育て支援ばかりでなく、さまざまな子育ての事業が健康子ども課を中心としておこなわれている。その拠点となるのは地域子育て支援拠点、子育て世代包括支援センターとしての役割を持つ「多世代ふれ愛ベース長瀞」で、取材当日は健康子ども課子育て支援担当で要保護児童対策地域協議会も担当している坂上（さかうえ）さんから施設を案内していただきながらお話を伺った。
　それによると、この町の子育て支援事業は大きく分けて先に紹介した子育てアプリを使った支援と次に紹介する訪問型、参加型の3つに分かれる。

○さまざまな対象者やニーズに応じて支援をおこなっている訪問型と幅広い選択肢のメニューを持つ参加型

　家庭訪問型子育て支援をおこなう市町村の中には、就学前の子どもを持つ家庭から訪問依頼を受けておこなうが、長瀞町では18歳までが対象となっている。臨床心理士や保健師が保育園や小学校、中学校に出向いて落ち着きがない子、不登校などの相談などを受けている。またケース会議や多世代ふれ愛ベース長瀞で個別相談をおこなっている。長瀞町は県内でも女性の就業率が高く、保育園に預けて働く親が多い。一方、在宅で子どもを養育している親に対しては、町でおこなっている子育て支援事業に参加することを勧めている。参加できない若年妊婦や精神的な不調を抱えている母親などの場合は、必要に応じて家庭訪問して相談に応じている。地元で長く暮らしている住民は子育てについて親族が近くにいる場合が多いので頼ることもできるが、新しく転入してきた家族の場合は孤立からくる育児不安に早期に対応するため保健師とともに訪問している。身近な相談相手がいないのでSNS等の情報に頼らざるを得ないが、情報量が多すぎでどうしたらよいかわからないといった相談がよくある。逆に、町の子育て支援事業などサービスの充実が好評となっている。
　また妊産婦の場合は妊婦訪問（1回）、新生児訪問（2回）、離乳食訪問、幼児健診と切れ目のない訪問による支援をおこなっている。子どもの健全な成長、自立のためには、関係機関の連携が何より大切だと考え、児童福祉と母子

第4章　子育て支援のこれから

保健はもとより、教育委員会、学校、保育園、幼稚園等の連携・協働を相談の初期からおこなっているので、「こども家庭センター」にそのまま移行できる態勢が整っていると考えている。

○多世代ふれ愛ベース長瀞を会場とする参加型の子育て支援事業（令和5年度）――「はつらつ！ながとろ　長瀞町の主要な子育て支援策」（パンフレットより筆者作成）

乳幼児を対象としたプログラム

リズム遊び（ぴょんぴょん組） 1～3歳児対象	音楽に合わせて親子で身体を動かす。マット運動、鉄棒等器械運動も行う
リズム遊び（ぴよぴよ組） 0歳児対象	音楽に合わせて親子で身体を動かす。ベビーマッサージや骨盤体操も行う
ママのコーヒータイム	子育て講座や親子で工作、子どもはおもちゃ遊び、ママたちはお話タイム、先輩ママたちの演奏コンサート
絵本読み聞かせ	「朗読ボランティアせせらぎ」による絵本の読み聞かせ
おたんじょう会	満1歳児に招待状を郵送。体重測定、記念写真を撮る
リサイクルくる	不要になった子ども服やおもちゃの交換会

出産、子育てと家族について、さまざまなテーマとして取り上げた講座などのプログラム

子育て相談	5月～3月までの月2回の子育て相談を臨床心理士が行う
スキンシップ講座	父親と楽しく身体を動かしスキンシップ
共働き世帯講座	毎年課題を決めて講座を開催（令和5年度は家計を見直し将来を描いてみる）
親学講座（性の話）	子どもの疑問に向き合って答えを出せるよう学ぶ
こどものための講座	年長児、小学生への性教育
妊娠～子育て心のケア事業	妊娠中に出産、子育てについて考え、イメージを膨らませ、自分のプランをつくる。スムーズな育児をするために産前2回、産後1回、出産、育児についての心の持ち方などを座談会形式で話し合う。
世代間交流事業	毎年内容を変えて地域の皆さんとの交流（令和5年度は親子でフラダンスを踊ってリフレッシュ）

プレールーム

集会室　　　　　　　　　　　　広い庭

　エリアが限られた山間地の町であるが、有名な観光地の特色を生かして新しい住民の誘致と少子化対策、子育て支援にあらゆる手段を講じてきめ細かく取り組んでいる様子がうかがえる。

　子育て支援のコーディネーター役も務める坂上さんが考

SAITAMA子育て応援フェスタ2023をさいたまスーパーアリーナで開催したときの展示物

える子育て支援とは、さまざまなニーズを持った相談者に対し色々な選択肢を用意していくことにあると話された。

第4章　子育て支援のこれから

○二葉乳児院ホームスタート事業
　東京都新宿区は地域子育て支援センターがある四谷地区の他に、日本一の繁華街がある新宿・大久保地区を抱え多国籍の外国人、風俗営業を含む飲食店、最近ではトーヨコキッズの問題が取り沙汰されており、特定妊婦など妊娠時から不安定要素を抱える女性がいて、出産後、乳児院への緊急一時保護をおこなうケースもある。
　前者は経済的には豊かであるが身近に頼れる親がいない環境の中で、仕事一筋に生きてきた女性が子どもができて始めて、夫婦の気持ちのズレを感じたり子育ての孤立状態に陥るなど課題もみえる。10年前からセンターではホームスタート事業（家庭訪問型支援）をおこなっている。年間約50件、月平均4件を扱っている。地方出身で実家が近くにない、40歳代で出産をしたが実家の親も高齢で頼れないなどのさまざまな理由から、子育ての孤立状態になっている母親も対象となっている。
　訪問した先の母親からよく出る話は「離乳食の食べさせ方がわからない」「子どもが2人になった場合の上の子の赤ちゃん返りへの対応」「仕事に復帰する悩み」「赤ちゃんの育て方がわからない、あやし方がわからない」「外出を一緒におこなって欲しい」「赤ちゃんとの過ごし方がわからない」。これらの悩みに共通することは、自分の子育ての評価につながるので失敗しないようにそつなく上手く子育てをしたいという心理がうかがえる、親に相談して意見を言われるより、第三者の方が話しやすいこともある。ホームスタートを経てひろば事業につなげていくなど次の社会資源へのステップの第一段階にもなるとセンター長の吉野さんは話す。

○**内閣府こども家庭庁設立準備室が示した「こども子育ての現状と若者・子育て当事者の声・意識」**
　今まで子育て支援についてさまざまな切り口から事例を取り上げてきたが、一体、子育てをおこなう当事者である親は子育て支援に何を求めているのだろうか。その手がかりを知る資料の一つとして令和5年1月19日に内閣府こども

家庭庁設立準備室が示した「こども子育ての現状と若者・子育て当事者の声・意識」がある。
　この中の「2. 若者・子育て当事者の声」のなかで我が国は「こどもを産み育てやすい国であると思うか」の問いに対し「こどもを産み育てやすいと思う」割合が他国（フランス、ドイツ、スウエーデン）に比べて低く、「産み育てやすいと思わない」と回答した割合が61.1％と多数を占めるということがわかった。では、これらの国々ではどのような社会保障制度の中で子育て支援がおこなわれているかは、この資料では報告されていない。
　また「育児に関する悩みがあるときは誰に相談するか」については次のとおりとなっている（上から順に1位から5位まで、数字は％で複数選択）。

	2015年 (n＝448)	2020年 (n＝752)
配偶者（パートナーを含む）	62.5	81.1
自分の親又は配偶者の親	68.5	71.5
友人	43.5	46.1
子育て仲間	30.1	39.1
自分又は配偶者の兄弟姉妹	26.6	28.7

　以上がベスト5であるが、この5年間で特徴的な項目を挙げてみると、
● 保育所、保育施設、保育ママ（10.3→20.2）
● 学校教師、スクールカウンセラー、養護教諭（6.5→18.0）
● 地域の子育て支援センター・母子保健センターなど（4.7→11.3）
● インターネットの掲示板、ブログ、SNA、ツイッターなど（5.6→15.0）
となっていてそれぞれ2倍から3倍近い伸びを示している。
　相談相手としては、依然として家庭の事情をよく知っている配偶者や親、そしてきょうだいが気安く相談できることから選ばれているのは当然だろう。しかし、この中で特に注目すべきことは「インターネットの掲示板、ブログ、SNS、ツイッターなど」で、「地域の子育て支援センター・母子保健センターなど」にも取り入れられているが、これらは対面サービスではなくオンラインサービスである。つまり、対人接触を直接好まない層、あるいはファーストチ

ョイスとして重宝がられていることが考えられ今後の動向が注目される。

　これまでに述べてきたオンラインでの子育て支援は新型コロナの感染状況が収まってきた現在、ひと頃に比べて対人サービスの利用に戻りつつあるとはいえ、即、情報が得られる手軽さに今後も増えることはあっても減ることはないだろう。

　次に「子育てをして負担に思うこと」は次のとおりである（上から順に1位から5位まで、数字は％で複数選択）。

	2005年	2010年	2015年	2020年
子育てに出費がかさむ	46.5	47.2	49.6	55.6
自分の自由な時間が持てない	42.4	41.2	41.5	46.0
子育てによる精神的疲れが大きい	29.2	28.9	28.5	43.1
子育てによる身体の疲れが大きい	23.8	26.2	30.8	42.6
子供が病気の時	36.3	35.7	36.3	33.0

　やはり、子育てにお金がかかる負担感が年を追うごとに増していることがわかる。さらにこの報告書の中でも指摘しているように「子育てによる精神的・身体的疲れが大きい」という子育てに伴う疲労感が大きなウエイトを占めている。このことは共働き世帯が増えていく中で大きな問題になってきていると思われる。

　しかし、このアンケートでは出た結果について、ではどうして欲しいのか、現状の改善を含めてニーズが出ていない。そこでアンケート結果を裏付けるためにも親の生の声を聞いてみたい。

　そこで、訪問型の子育て支援に関わる関係者を通して子育てを家庭でおこなう母親の悩みニーズを明らかにしていく。その結果、次のようなコメントがビジターを通してわかってきた。

○ホームスタート・こしがや
　ホームスタート・こしがやは、NPO法人子育てサポーター・チャオ（以下、チャオ）がおこなっている事業である。チャオは1996年に楽しく子育てがで

きる社会をつくりたいという想いで発足し、「学びの場、仲間づくりの場、社会参画の場」をつくってきた。ホームスタート・こしがやは、さまざまな事情により、このような場に来られない方への支援として2011年に開始した事業である。チャオでは他にも土曜日が休日になったタイミングで小学生の土曜日の居場所事業（現在は放課後子ども教室として開催）をおこなったり、妊娠期から地域につながることができるようにプレママ・プレパパ&ベビーのための講座（詳細はホームページ参照）やサロンを開催するなど、時代とともに変化するニーズや課題をとらえながら日々活動をおこなっている。

　このNPO法人が委託を任された家庭訪問型子育て支援としてのホームスタート事業とは、乳幼児がいる家庭に研修を受けた地域の子育て経験者が週に1回2時間程度計4回程度無償で訪問し、「傾聴（親の気持ちを受け止めて話を聴くこと）」と「協働（親と一緒に家事や育児、外出などをすること）」をおこなう家庭訪問型子育て支援ボランティアのことである。そして、主な対象者は次のとおりである。

- 地域子育て支援拠点事業に行きたくても行けない親子、気疲れするなど行きづらい親
- 乳児家庭全戸訪問事業では継続したケアができない心配な非困難家庭
- 養育支援訪問事業では対象とならない気がかりな家庭（グレーゾーン）
- ファミリーサポートセンター事業では対応できない親自身への支援、有料支援ができない家庭

ここでは多くのビジターとして養成された会員が、この事業にたずさわっている。

○母親の声を聞きたい

　そこで、これらの事業に携わったビジターにアンケート調査をおこない、母親が求めている子育て支援とは何かに迫ってみた。

第4章　子育て支援のこれから

○ホームスタート事業に従事するビジターから得られたこと
　アンケートと3人のビジターの激白により母親なら当然持っている知識や子育てのテクニックを軽く考えていたことが、ひっくり返る現実がそこにあったということを読者の皆さんは知ることができるだろう。

○アンケート調査結果について
　アンケートは、すべて記述式で次の5問からなる。
　1　何故、あなたは家庭訪問型子育て支援事業に参加しようと思ったのか、その理由、動機など
　2　ビジターとして体験したこと、印象に残る事柄、感じたこと、リクエストの多かった支援内容など
　3　やっていて良かったこと、嬉しかったこと、逆に嫌だったこと、辛かったこと
　4　この事業に従事して新たに学んだこと
　5　子育て支援として現代の母親が求めていること（ニーズといってもよい）は結局、何だと思うか。

○アンケート結果の各項目について主なもの
1　何故、あなたは家庭訪問型子育て支援事業に参加しようと思ったのか、その理由、動機など
- 自分が子育てで大変な思いをして、色々な人に助けられ、なんとかこれまでやってこれたのでそれを少しでもお返しできればと思い応募した。
- 子育てを経験して何か役に立つことがあればと思ったので。
- 自分自身が子育てに煮詰まってしまったことがあり、その経験から少しでも気が楽になるお手伝いができればと思ったので。
- 自分が経験した双子を含めた3人の育児が大変だったから。

2 ビジターとして体験したこと、印象に残る事柄、感じたこと、リクエストの多かった支援内容など
- 夫に気をつかったり言いたいことを我慢しているケースが訪問した中で半分以上あった。
- 家事を完璧にやろうとしている母親が多いと感じた。
- 子どもの世話をしっかりやっていて一見しっかりやっている感じのお母さんでも、自分がやりたいことを我慢している。
- 自分たちの活動でお母さんたちがホッとできたなら良かったと思う。
- 何もできない、やりたくない訳でもなく、今、たちどまっているだけで、こちらが無理矢理行動を促しても相手の負担になることもあると思った。
- 一人目の育児の場合、外で子どもが泣いたらどうしよう、どうやって外出しようなど、些細なことでも悩み、一歩踏み出すことが難しい人がいると思った。
- どのように子どもと関わり遊んであげたら良いか分からない人がいた。
- ちょっとした不安や迷っていることを誰かに相談したいと感じる人が多い。
- 子育てに協力してくれない夫に悩み、孤独な育児に疲れている。
- 自分が赤ちゃんの世話をしている間に食事をしてもらい「久しぶりにきちんとご飯が食べられた」と笑ったのを見て自分も同じような経験をしたことを思い出した。
- 子育て広場や公園、公共施設や乗り物に子どもと2人では不安なので同行して欲しいという依頼を受けた。
- 話を聴いて（傾聴）、子どもと遊び、買い物に同行して帰り際に感謝の言葉を述べられた。
- リクエストはさまざまである。

3 やっていて良かったこと、嬉しかったこと、逆に嫌だったこと、辛かったこと
- 訪問して喜んでもらえた、元気が出た、感謝された、子どもが毎回訪問を待っていてくれた。

- 4回の訪問でお母さんが次第に明るくなり、外へ出て行く気持ちも出てきて笑顔が増えてきたこと。

4　この事業に従事して新たに学んだこと
- 一人一人のペースに合わせて寄り添うことの大切さ。
- 人との距離感。
- 傾聴の難しさと大切さ。
- 沢山の支援の手や目があること
- 利用者との向き合い方、寄り添い方
- 子育てについての情報過多。
- 家の中で子どもとだけいる時間が長く息苦しさを感じている中で訪問することにより少しでも風が通ると自ら立ち向かう力を取り戻し輝いていく。
- 地域の子育て支援の状況、現状が学べた。

5　子育て支援として現代の母親が求めていること（ニーズといってもよい）は結局、何だと思いますか。
- 産前から住んでいる地域や子育て支援制度の環境を知ること。
- 人とのコミュニケーションや傾聴をしてくれること。
- 育児の孤独を取り除くことはできないが乗り越えるきっかけや一時的な安らぎを与えてくれること。
- 誰かが寄り添ってくれること、育児の手助けをしてくれること。
- 物理的なサポート。
- 子どもから離れて自分の時間を持つ。
- 配偶者の思いや愚痴を聞いてくれること
- 育児を含め経済的にも余裕のない家庭へのサポート
- あまりにも多すぎる育児支援の情報の選択の仕方。
- ホッとできる時間、実際に会って話を聴いてくれる生の人間。

アンケート結果だけでなく率直な意見をもっと聞きたいので体験談を聞く機会を設けた。
　アンケートの項目の一部を含め、3人のビジターの方に自分の体験したことや感じたことなどを率直に語ってもらい、そこから現代の子育て事情と「子育てをする母親の思いや何を支援者に求めているか」が少しでもくみ取ることができることを期待する。なお、インタビューは鼎談でおこなったが、多くは司会進行役を務めた筆者との対談になった。また、約1時間に及んだが紙面の都合等でそのエキスと思われる部分のみを取り出し、内容を伝えやすいように修正して掲載した。

平野：最初に家庭訪問してどのような活動されるのか、訪問を希望する人はどんな方が多いのかお尋ねしたい。
Aさん：子どもとしか話をしていないので、普通の大人の女性と話したい、いっしょに家事とか散歩などをして欲しい、自分は病弱なのでいっしょに子どもをみて欲しい等々。結局、人は自分を「子どもの母親」としてしかみていない、話の内容はどうしても「子どものこと」になる。そのことで「自分が取り残されてしまう感じ」がするという。ビジターが訪問するとたわいもない話しだが、久しぶりに話しができたという満足感が得られる。子どもが泣いたりしても一緒になって対応できる。結婚して、すぐに妊娠し、急に子育てをしなければならなくなったその戸惑いがある人もいる。
Bさん：多かったのは、子どもとの遊び方がわからない人。ベビーカーに乗せたことがないので一緒にやってくれないかと頼まれたことがあった。外で遊ばせたことがないというのでお砂場に連れて行ったこともある。自分としては子どもと遊んだだけなのに、お母さんから見ると「こんなに元気に遊べるんだ」という反応が返ってきたこともある。滑り台で滑って衣服が汚れるのではないかと言われ戸惑ったことがある。汚れを気にする人だなと思った。まずは、母親の言ったことを素直に受け止めるようにしている。一人でいる時よりも誰かがいたほうが心強いのかなと思った。実家が遠いとか引っ越してきて知ってい

る人がいない。孤独なのかなと。
Cさん：自分も「大人と話したのは久しぶりです」と言われたことがある。訪問して、お母さんの話を聞いて子どもとおもちゃで遊んだだけでこんなに感謝されるとは思わなかった。
Aさん：自分の母親と確執があるので思ったことが話せない。だから聞いてもらいたい。そこまで感じてくれているのかと思うと、この事業に関わっていて良かったと思う。
Bさん：ベビーカーに子どもを乗せてお出かけをしてお茶したいということで、一緒にカフェで家族の話しやおしゃべりをして帰ってくる。次に訪問したとき、オンラインでヨガに参加した話をしてくれた。自分の趣味とかやりたいことをするようになって、少し明るくなった印象を持ち嬉しかった。
Cさん：最初は赤ちゃんを車に乗せて運転するのはできなかったが、出かけることができるようになり、毎週行くたびに変化していった。母親の変化が嬉しかった。最終的には地域の子育て支援に参加するようになっていった。
Aさん、Cさん：困ったときはオーガナイザーが間に入ってくれるし、自分たちの不安を受け止めてくれる。また、オーガナイザーがマッチングして担当を決め、初回は一緒に行ってくれる。最後の回も一緒に行ってくれる。最後にオーガナイザーだけで訪問して、全体の感想などを聞いてきて、それを自分たちに伝えてくれるので、自分たちもその訪問の振り返りをすることができる。

平野：国のアンケート調査（「子ども・子育ての現状と若者・子育て当事者の声。意識」による）で「子育てをして負担に思うこと」の項目で第1位は「子育てに出費がかさむ」でした。この項目は乳幼児の子育てに影響が大きいとは思えません。第2位は「自分の自由な時間が持てない」これについてどう思いますか。
Aさん：多分まじめに頑張りすぎている母親が多いのではないか。部屋もきれいで子どももきれいにしているし、母親もきれいにしている。
Cさん：インターネットがものすごく普及しているので、SNSやスマホに時間

をとられて家事や子育てをしているから「自分の自由に使える時間がない」と感じているのではないか。
Aさん：雑誌に掲載されている「365日離乳食献立表」に真面目に取り組む。つくったものを冷凍保存しておく。頑張りすぎだと思う。また、つくったものを子どもが食べないと心配になるし、食べるとどのくらい食べさせたら良いのか加減がわからないと悩む。

平野：ある子育て支援センターに通っている人に訪問して子育てを手伝ってくれるやり方があるけれどもどうかと聞いたら「気疲れしてしまう」という答えが返ってきた。
Cさん：外に出て行けるということは、ハードルを乗り越える元気がある人だ。それができない人を私たちは支援している。

平野：子育ての知識やノウハウをSNSから得ていく親もいるのではないか。
Cさん：育児でも母乳を記録したり体重を記録したりするアプリがあるが、記録に執着してしまう。ユーチューブの月齢を自分の子と比較してしまう母親もいる。子育て中に気持ちが落ち込んでしまうこともある。そのときでもSNSとは違って私たちは直接話を受け止めることができる。

平野：アンケート項目「子育て支援に現代の母親が求めていること」について。
Aさん：結局、大変さをわかって欲しい、理解して欲しいということではないか。自分の母親に言っても「何でこんなことができないのか、私はこんな育て方をしていない」と批判される人もいるが私たちが「大変だよね」と言うと「そうです、大変です」と言える。話を聴いてくれるし共感してくれる、それが良いのだと思う。
Bさん：信頼できるつながりみたいなこと。SNSでつながりを求めている人もいるけど、安心感とか信頼感を受けることを直接求められている。

Aさん：私たちの場合は訪問してドアを開けた瞬間、母親の表情が読み取れる。効率的ではないが、雰囲気でわかる。そこから入っていける。
Bさん：子どもからするとお母さんはいつもとは違うとか相乗効果はある。お母さんも私たちが訪問することでできているところを見つけてくれるとか、ビジターとしてのやりがいがある。反面、効率を求めているお母さんもいる。そのぶん子どもにかける時間が増えると思っている。

平野：「久しぶりに大人と話せた」という話しがでたが、その話を聞いて家の中に他人が入っていくことで、閉じこもっている空気感がスパッと抜けたことによって気が楽になっていく、そういう感じがした。
Aさん：その家に他人が入っていくことで空気が変わるということもある。私たちの役割は単なる家事代行ではなく子どもたちの希望することもできるし、子どもたちにとっては私たちが行くことで母親の気持ちがほどけていくので良いのだろうと思う。

平野：アンケートの第3位では「子育てによる精神的疲れが大きい」、第4位では「子育てによる身体の疲れが大きい」となっている。合わせると第1位になる。つまり心身の疲れをいやしてくれることを求めていると理解できるのではないか。
Bさん：子育ては疲れるし、休みたい、それを分かち合ってくれる人がいる。そこにニーズがあると思う。
Aさん：あるとき、子育て中の父親に話をしてもらう機会を持ったが、参加者の中に高校生の男の子がいた。為になったとの感想を言ってくれた。子育てについて若い世代から考えさせていくことが大切かと思った。

　私たちが訪問すると精神的、肉体的な疲れが改善されて気持ちが変わるのだろう。このアンケートやインタビューの実施にあたって協力していただいたNPO法人子育てサポーター・チャオの代表理事でホームスタート・こしがや

オーガナイザーの近澤さんにこの事業を通じて子育て支援とは何かを語ってもらったところ、次のような答えが返ってきた。

「親が子どもに温かいまなざしを向けながら、その人らしい子育てができるように支えていく活動」

いかに、現代の子育て中の母親が孤立しているかがわかるインタビューであった。これらの事例から相手に「寄り添う」ということはどういうことなのかもよくわかる。

カウンセリングは言葉のレベルでのやりとりだが、家庭訪問型子育て支援は行動をともにすることによっておこなわれる新しいタイプの「行動カウンセリング」と言ってよい。

生まれてきた子どもとの出会いに戸惑いを見せている母親に対ししっかりと向き合い、子育てに自信が持てるようにすること、自分の子育てに肯定感が持てること、そのことを側で見ていて認めてくれること、母親としてでなく、時には自分を取り戻す機会を見つけられるようにすることが大切であると思った。

さらに子育ては大変であり、その疲れをどうやって癒やすのかはとても大切なテーマであると改めて感じた次第である。

鼎談は約1時間にわたった。本来ならば、忠実にその内容を再現するところだが、読者にわかりやすいように言葉を補ったり、カットしたり、表現を変えるなど本として掲載できる内容にアレンジし、かつコンパクトにまとめた。また、支援を受ける側の家庭状況に及ぶことは避け、ビジターは匿名とし、訪問する場所や日付を省略した。途中、メンバーが言葉を選ぶことに詰まる場面もあったが、それだけ子育て支援とは何かを語ることは容易なことではないことがわかる。一般論でなくビジターとしての体験を語ろうとし、自分たちの言葉で伝えようとするため安易な表現ができないからだと理解した。

それだけ、このテーマの奥深さを感じさせ多くの支援者にとって共感できる内容ではないかだろうか。

3 | いのちの教育、いのちの授業

　今まで子育て支援は参加型に始まり伴走型としての家庭訪問型をみてきた。このなかで産後ケアはもちろんのこと産前教育を含め保育園での小・中・高生の赤ちゃん抱っこ体験のプログラムがあることを知った。小・中学校ではこの「いのちの教育」ともいうべき授業をどのように取り上げているのかここで深掘りしてみたい。

　なぜならば、産前の短期間で母親や父親になる準備として心構え、抱っこの仕方、ミルクの与え方、沐浴の仕方などを訓練してもにわかづくりにすぎないのではないかと思ったからである。人間の成長について知り、理解を深め生命の誕生、命の尊さ思うベースが男女ともできたうえでの妊娠、出産を迎える準備段階を迎える必要がある。ではどのくらい前からはじめたらよいのだろうか。文部科学省では学習指導要領に基づき各教科の内容を定めている。これにしたがって授業で使われている教科書を見ると次のようなことがわかってきた。まず、小学校では5年、6年で家庭科がはじまる。しかし、その内容の大半は身の回りの生活を見つめ、クッキングやソーイング、整理整頓など年齢にふさわしい事柄の知識や体験で占められている。その中で唯一取り上げられていることは6年生で教えるであろう「共に生きる地域での生活」のなかで「地域の人たちとかかわり行動してみよう」として「幼児とのかかわり」で来年1年生になる幼稚園や保育園の子どもたちの学校案内や図書館での読み聞かせ体験をさせることが載っている。また学習指導要領の道徳の授業では1〜2学年で「幼い人や高齢者など身近にいる人に温かい心で接し、親切にする」、3〜4学年では「相手のことを思いやり、進んで親切にする」、5〜6学年では「生命がかけがえのないものであることを知り、自他の生命を尊重する」ことを扱っている。

　以下では、埼玉県春日部市の小中学校で実施している「いのちの大切さを学

ぶ教育と育児体験授業」と保育園がおこなっている「保育園での小中高生の子育て体験と出産前の親教育」を紹介する。

(1) 春日部市立緑小学校での取り組み

　小学校の家庭科では「自分も家族の一員として、できることを増やしていこう」という内容があり、家庭生活の営みを大切にしている。一方、子どもたちがおこなうゲームのなかには命がとても軽く扱われるものがあったり、「死にたい」という言葉を軽い気持ちで使ってしまったりすることは看過できない。家族愛についても触れる必要があり、あなたは大切にされている「いのち」であって、「自分のいのちを大切にすること」をテーマとして4年生を対象に、授業時間の2コマ通し（90分）でいのちの授業をおこなった。また同様の内容を別の機会に保護者も参加しておこなっている。

(2) 春日部市立春日部南中学校での2つの取り組み

　①総合的な学習の時間を使った保健講話

　　授業のねらいは「命の大切さを学び、自分だけでなく他者への思いやりの心を育む」。「いらない命はひとつもない」をテーマに「助産師から伝える命のお話」の講話を学年別に実施した。
・1年生：自分の体についてしっかり理解する（男女の体の仕組み）
・2年生：自分（人）が生まれるときの話
・3年生：生命誕生、未来への大切な知識

○生徒の感想文からわかった子どもたちの学び

　この授業を通じて子どもたちは命の大切さを感じ取ったに違いない。子どもたちの学んだことは次のとおりである。本来なら一人ひとりの感想を載せたいが、紙面の都合等があり要約して記述した。

　まず、自分たちは今、あたりまえのように生きていられるが、実は私たちの命は約3億分の1の確率を持って受胎することから始まる。このことは「奇

跡」なんだという捉え方で、その奇跡を誕生というかたちで迎えたことのすごさ、驚きを子どもたちはまず感じ取っている。したがって「この世にいらない命や必要のない命はない」ことを知った。また大変な思いをして生んでくれた母に感謝し、誕生をその場にいた人たちすべてが「おめでとう」といって祝福してくれたことが印象に残ったという。だから、「親からもらった命を大切にして生きていこう」そして、性に対する正しい知識を持つことは自分を守るためにも相手にとっても大切なことだと綴られている。

②技術・家庭科における家庭分野の保育体験
　３年生が幼児向けのおもちゃや絵本をつくって近隣の保育園で幼児と遊ぶ体験授業の様子。

生徒がつくった絵本の読み聞かせ①

自作したおもちゃで一緒に遊ぶ

生徒がつくった絵本の読み聞かせ②

生徒がつくった絵本の読み聞かせ③

生徒がつくった絵本の読み聞かせ④　　　　　生徒がつくった絵本の読み聞かせ⑤

（3）保育園での小中高生の子育て体験と出産前の親教育
〇いのちの教育と産前教育が結びついた！

　「子育てについて若い世代から考えさせていくことが大切かと思った」というホームスタート・こしがやの鼎談での発言を受けて、某保育園で行っている小中高生の育児体験授業と出産を迎える親の体験教室の話を取材する機会を得た。保育園は従来の横への支援（地域）だけでなく縦への支援（各世代）にも乗り出している。

　中学生による育児体験を紹介する。ここでは小さい子どもとのふれあいばかりでなく、保育教材づくりも体験させている。特に中学2年生の職場体験に多くの生徒が参加し、1～2歳児とふれあうことで子どもとはどういうものであるかを知る良いきっかけになっている。コロナ禍前は0歳児の体験や赤ちゃんを抱っこする体験もおこなっていたが現在は中止となっている。中学生はこの体験を感想文にまとめ学校で発表し、その際、保育士も保育の話をして子育ての大切さを伝えているという。

　また妊婦さんに対しての支援としては出産を迎える前のお話や赤ちゃんの抱っこ体験等も盛り込んで主任保育士による遊具を含めた保育園の子育て環境の話や看護師の立場から健康面の話、感染症予防の話、栄養士から離乳食のメニューについて保育園見学とセットでおこなっている。

　なお、この保育園では多機能型の保育園として長時間保育や一時保育等を行っ

第4章　子育て支援のこれから

ている。また、保育利用については事前に保育園見学や面接を実施して理解をしていただいている。子育て世代にとって重要な役割を担っている保育園である。

保育園等に預けて働く家庭が増えている昨今。保育園という集団で生活する中で社会性を身につけていく子どもたちのために胎児のときの母子関係は出生後も8か月くらいまでは精神的胎児として関係は続く。したがって愛着形成の足りなさを埋めるには保育園の環境で赤ちゃんにとって望ましい環境を大事にしているし、専門的な力を発揮することを大切にしているとのこと。

園長先生からは親が子育てをすることで子どもが可愛いと思えるようになり、子育てに幸せを感じてほしいという思いがある。「日々どう支援したらよいのか」を考えながら子育て支援に繋がる役割を模索しているとのお話があった。

入園希望者の保育体験「保育園で遊びを通して体験する」

出産を迎える親への講座「栄養士による離乳食の紹介」

「中学生の職場体験」将来の夢を叶える一歩

入園希望者の保育園見学

149

終章

かつて我が国では、「子宝に恵まれる」「子どもは天からの授かり物」「子はかすがい」という諺にもあるように、子どもを産み育てることについて肯定的で暖かく自然な形で捉えられてきた。そして子育ては各家庭で完結されるという社会通念があった。しかし1.57ショック以降様相が大分変わってきた。エンゼルプランから始まって少子化対策として打ち出すプランのなかでは常に子どもの数に焦点を当て、数を増やすための施策に転じている。もっと早くに少子化社会の到来は気づいていたはずだ。最近では、少子化による生産年齢人口の減少からくる将来の国力の低下に結びつけ危機感をあらわにしている。政府は戦時中おこなった「産めよ増やせよ」と同様のキャンペーンを張るわけにもいかず、現代の若者たちの非婚化、晩婚化傾向や子どもを産まない大きな理由に非正規雇用の増加による経済的負担の増加や教育費の負担感が関係しているとの理由づけに留まっている。たしかに結婚適齢期という言葉は死語になりつつある現代は生き方の多様化を求める時代になった。それでも政府は異次元の少子化対策の一環として「こども誰でも通園制度」を創設し、既存の教育保育制度の仕組みを根底から覆す方向へと乗り出そうとしている。若者世代の所得保障と教育保育制度の抜本的改革がどのような効果を及ぼすかは未知数である。また合計特殊出生率が上昇しても出産可能年齢の女性人口そのものが少ないため劇的な効果を期待できないことは自明である。
　この本では「子ども未来戦略」の3つの基本理念のうち「(3) 全ての子ども・子育て世帯を切れ目なく支援する」は、教育を含め子育ての現場ではどのように実践されているか、実践されてきたかを紹介してきた。今まで見てきた事例や報告書からサブタイトルに掲げた「いつ、どこで、誰が、なにを支援するか」を意識しながら改めて振り返ってみたい。
　また、この本では子育て支援を大きく2つの領域から取り上げた。そのひとつが社会的養護を必要とする子どもの子育て支援である。もうひとつはそれ以外の主に家庭養育における子育て支援である。さらに後者は参加型と伴走型に分け、その2つの領域にまたがるオンラインやSNSによる子育て支援がどのような役割を果たしているのかについても取り上げた。

また、この本のタイトル「地域とともに歩む子育て支援」の関係は次のように図示される。以上のことを踏まえ主な事項について論点整理をおこない順次述べていきたい。

主な活動団体と子育て支援の関係の例

地域における子育て支援の関係例

イドバタ、出前相談、家庭訪問、アフターケア、子育てサロン、フードパントリー、里親等、ひろば事業、居場所・多世代交流 ⇔ NPO団体、ボランティア、児童委員、自治会、学校等、児相、保健所・保健センター、要対協、グループホーム、後援会、同窓会等

← 双方向で支援する場合もある

児童養護施設、乳児院、保育園、民間支援団体、子育て支援センター、社協、子ども食堂等

＊矢印は支援の方向性を表す

○子育て支援で忘れてはならない大事な柱のひとつ、社会的養護を必要とする子どもたちに対する子育て支援

　［児童養護施設、乳児院がみせた地域とのつながり、交流そしてインケアからアフターケアのさまざまな高機能化、施設の持つ養育機能の地域への還元など多機能化。その結果として「虐待（再発）防止、世代間連鎖をさせない」へ］

地域とともに歩む児童養護施設と乳児院、施設のオープン化、見える化、地域との交流

　児童養護施設は地域の社会的養護の要となるべきところである。そのためには地域に密着し地域に開かれた施設でなければならない。この原則を第一義的に推し進めているのはあゆみ学園の文化祭であり、地域子育て支援センター二葉の「二葉こども祭り」である。また各施設でおこなわれている定期的な後援

153

会機関誌等の発行であろう、児童養護施設いわつきでは地域の関係者とさまざまな形で連絡会議を持ち、施設の様子や地域からどんな支援が必要なのかの情報発信をおこなっている。また、乳児院ではいわつき乳児院の子育てサロンへの参加、地域子育て支援センター二葉の地域支援拠点としての「出張ひろばイドバタ」、乳児院さまりあが近隣自治体とともに住民に呼びかけ開催する里親フォスタリング事業が挙げられる。トラウマを抱えた多くの子どもを地域として見守り支えていくためには、まずこういった施設のオープン化、見える化、地域とつながる基盤が絶対必要である。

児童養護施設の高機能化

　データで示したように多くの児童養護施設は現在被虐待児を預かっており、トラウマを抱え時にはPTSDを発症する子どもたちに向き合い対応することに追われケア施設化している。児童養護施設いわつきの山本施設長は「治療的養護」という言葉を使っていた。

　このため施設では入所時の適応を図るためのアドミッションケアに続いて、インケア、リービングケアそしてアフターケアというケアの連続性が求められている。インケアについてはあゆみ学園では心理治療棟を施設の敷地内につくり2人の公認心理師がアセスメントに基づく綿密な治療計画のもとにセラピーをおこなっている。その様子は今回の取材で詳しく公開された。児童養護施設の心理的ケアとはこういうものであることがよくわかる。子供の町ではプレールームでのセラピーにとらわれず心理教育としてCAPやセカンドステップを取り入れたり、臨床美術として発表して成果を上げている。この施設の特徴はなんといっても自前のクリニックがあることだ。医療的ケアと心理的ケアないしは心理教育の側面から支援できる強みがある。次にリービングケアについては、児童養護施設いわつきにおいて自立支援事業として将来の進路選択をおこなううえでのインターンシップをおこなうとともに、民間企業の経営者などの協力を得て自立支援サポーターズとして職業判定、履歴書の書き方、模擬面接を実施するなど自立に向けてのきっかけをつくっている。

終　章

特にアフターケアに力を入れる

　児童養護施設にとって欠くことのできない子育て支援は卒園後のアフターケアである。子供の町では、退所後も社会で不適応を起こす子どもたちの支援にどんぐりカフェが憩いの場であり、居場所となっている。そして無期限の給食パスポートを発行し、いつでも施設の食事を味わえるようにし、食を通じての絆をつくっている。このことは新聞にも取り上げられた。児童養護施設いわつきではアフターケアカードを退所時に持たせ、連絡を定期的に取れるようにしているほか、年1回同窓会を開いて旧交を温めて絆をつくっている。児童養護施設江南では退所し家庭復帰をした子どものその後の相談に「出前」という方法で地域に会場を設定しフォローをおこなっている。要支援、要保護家庭に対する支援に江南のアウトリーチ型の相談は画期的である。また、本体施設から離れたところで一時保護施設を設け、ここでは規則に縛られないで子どもの意見を尊重する態勢をとっている。また、多目的棟を本体施設敷地内に設け、リービングケアからアフターケアも含め活用を図っている。アフターケアをおこなうためには自助組織が必要であり、後援会等がそのバックボーンになることが考えられる。伴走型の支援者としてケアリーバー（社会的養護経験者）の活用や社会福祉協議会に配置されているCSWも地域の力を借りるうえで児童養護施設の退所者にとっては頼りになる存在である。

児童養護施設と乳児院の多機能化

　一方、地域のすべての子どもたちを対象とした子育て支援にどれだけ手を差し伸べることができるかは限界があるが、児童養護施設いわつきが同乳児院と協力して子育てに役立つ企画を実施したり、地区社協等の子育てサロンへの参加は児童養護施設の地域子育て支援への模索と受け止めた。

　これに対して、同じ社会的養護施設である乳児院は一般の子育て支援事業としてのひろば事業から訪問型子育て支援まで幅広い活動が可能であり、乳児福祉施設協議会が目指している乳幼児総合支援センターとして地域の子育て支援に大きな役割を果たすことができる。ただし、地域における乳児院の数は限ら

155

れていることから、保育園や子育て支援センターと同様のサービスをおこなうことにおいて特色をどのように生かすかが今後の課題になるだろう。

　そのなかで、「地域子育て支援センター二葉」ではすでにひろば事業、訪問型子育て支援事業、子どものショートステイ、一時保育をおこなっており、ひろば事業では地域の家屋を利用してサテライト型の支援を試みている。子育て支援が区民にアピールする形で示している。また、ひろば事業にも考え抜かれた多彩なメニューを提供している。こういった事業が展開できるのはバックに乳児院が控えていることも強みのひとつであろう。ほかの子育て支援機関との違いを生かすためには要支援家庭の相談に力を入れ、退所に向けての家族再統合訓練をおこなう場所としても、サテライト型乳児院（現行の施設でいえば定員9人以下の小規模乳児院がこれを利用できる）が必要である。

　乳児院さまりあは創設して新しい施設であるが、里親フォスタリング事業をおこなっていて、リクルート、研修、アフターケアを実施しており、今後は里親支援事業に発展させる予定である。この施設の強みは同一敷地内に児童養護施設、児童家庭支援センターがあり、相談に応じやすく連携しやすい点が挙げられる。

　また、二葉乳児院では都、区の数か所の児童相談所に職員を派遣し里親のフォスタリング事業をおこなっているが里親制度を実施する児童相談所と一体になって事業を展開することができ、乳児院の特色を生かしたものとして地域にアウトリーチしていくひとつの姿であり、今後も乳児院の地域子育て支援のひとつの重要な役割として期待されるであろう。こういったさまざまな先駆的な取り組みは乳幼児総合支援センターのひとつのモデルとなっている。

エンパワメントしあう施設と地域

　施設が高機能化しそのノウハウが地域の子育て支援に活かされると、そこで培われた地域のノウハウが施設で活かされる、という循環型の施設・地域養育支援システムが形成されていく。地域は潜在する「地域力」を、施設も持ち前の「子育て力」を発揮し、さしずめ人になぞらえるとお互いがエンパワメントする関係になる。

終 章

施設とともにエンパワメントする地域
↑　　　↓
地域とともにエンパワメントする施設

社会福祉協議会の役割が拡大されてきた

　社会福祉協議会の業務といえば従来から権利擁護、ボランティア活動の育成、生活福祉資金の貸付けや生活困窮者、成年後見制度、高齢者、障害者への支援、地域福祉に多くの役割を果たしてきた。しかし、子どもの分野といえば主にひとり親家庭への支援、保育関係団体指導がメインだったような気がする。

　今回さいたま市岩槻区や東京都北区の社協を取材してわかったことは、新たに子育て支援の領域にその役割を伸ばしている。その中心となるのはコミュニティーソーシャルワーカー（CSW）である。その活躍エリアとしては前掲して示した。

子育て支援について長瀞町と港区を比較する

　埼玉県長瀞町がなぜこんなにも子育て支援に力を入れているのか。都市近郊型の過疎地域における子育て支援を考えてみる。

　必死になって人口減少を食い止めようとし、「多世代ふれ愛ベース長瀞」を基盤としてこの場所で子育て支援をおこなうばかりでなく、保育園、学校などに出向き相談を受ける、家庭訪問して相談に乗る、子育てアプリを立ち上げて情報を提供するなど多角的な子育て支援をおこなっている。このねらいは地元住民ばかりでなく外部からの新住民を意識した取り組みである。これは何も中山間地域のエリアで小さい自治体だからこの方式を選択するわけではない。総合的な子育て支援をわかりやすい拠点を軸に展開することは、都会の自治体でも学ぶべき点は多いと思う。センターでおこなっている行事についてもさまざまな工夫が盛り込まれている。しかし、子育て支援がいくら充実していても生活インフラが伴わなければ人は増えない。

東武鉄道は秩父鉄道とともに観光ルートとして現在、秩父、長瀞、川越と結んで「SAITAMAプラチナルート」としてもキャンペーンをおこなっている。また長瀞はインバウンドのエリアとして注目を浴び、多くの外国人観光客が訪れている。彼らの目的は風光明媚な自然ばかりでなく、さまざまな日本の食文化や伝統行事等に触れることにあるようだ。

　しかし、この地域の交通アクセスは、熊谷市から秩父市に至る主要幹線道路が限られている。観光シーズンには渋滞にいつも悩まされる。まず交通インフラの整備をどうするかだ。かつて東武東上線は池袋から寄居まで直通電車があった。また秩父鉄道の担当者によると東上線は寄居から三峰口まで乗り入れていた時期があったとのこと。長瀞までの延伸を復活したら俄然長瀞町の活性化に繋がるであろう。観光需要とともに川越、池袋までの通勤電車としての利用もできる。秩父地方の観光地区はいろいろあるがやはり長瀞は外せない。一か所に観光スポットが集中している（岩畳、長瀞ライン下り、県立自然の博物館、宝登山）からだ。町では空き家バンクとして空き家の賃貸、売却事業を後押ししている。リモートワークをしながらの都内通勤や二重拠点生活も考えられる土地柄である。現在、町では空き家や土地の活用により、Uターン、Iターンの人の流れと定着を図ることを進めている。地勢的に山に囲まれ平地が少ないため、町のエリアでは大規模開発はできないが秩父鉄道沿線には最近、大型商業施設も整備され新たな駅も誕生してアクセスしやすくなっている。こういった点も含め自然豊かな居住地としてアピールしていく方法もあるのではないか。生活インフラの整備に伴い「多世代ふれ愛ベース長瀞」を活用した「子育てにやさしい町」として注目され、さらに発展が期待される。

○大都市の子育て支援事業（東京都港区の子ども家庭支援センター）による、さまざまな場面に応じた子育て支援

　東京都港区は大使館が集中し、六本木、赤坂、麻布、南青山など繁華街や商業施設がいくつもあって、外国人も多く多文化共生が当たり前で、日本一おしゃれでファッショナブルな街といっても過言ではない。また、所得階層も高く

終　章

住民の意識は子育てニーズにも反映されている。

　そんな南青山の一角に港区子ども家庭総合支援センターは児童相談所とともにある施設である。ここでは子育て支援に関するさまざまな事業の窓口、実施施設となっていて非常にきめ細かくプログラムが用意されている。事業の幅も広く、たとえば「子育てひろば事業」から「育児サポート」「派遣型一時保育事業」「産前産後家事・育児支援」「出産・子育て応援メール配信」、近年注目されている治療技法としての「親支援プログラム（ノーバディーズ・パーフェクト、ポジティブ・ディシプリン）」や「医療業務及び親子カウンセリング（CAREグループ、親子支援カウンセリング）」の導入、そして「産後要支援母子ショートステイ」など参加型、訪問型、グループカウンセリング、ショートステイとレパートリーがとても広くバラエティーに富んでいる。

　おそらく区民の子育て支援への行政サービスに対する欲求水準の高さと期待感の表れであると思う。まさに至れり尽くせりという感がある。

　長瀞町と東京都港区ではまったく地域性が異なっている。しかし、子育て支援のサービスからみると非常によく似ているところがある。つまり、双方とも参加型のつどいのひろば事業を核としてさまざまなメニューを取り入れている。長瀞町ではオンラインではおこなっていないがスマホのアプリで子育て支援ができる。対面式の相談だけでなく、家庭訪問型の子育て支援も取り入れている。

　このことから言えることは子育て支援について参加型、オンライン、SNS、伴走型の選択は都市部、農村部のすべてにおいて地域の特性、子育て世帯のニーズをいかに自治体がキャッチするかどうか、どの方式を重点的におこなうかは実施主体としての自治体の判断に委ねられている。

○子育て短期支援事業の拡充

　現在実施されている「子育て短期支援事業」は平成7年にできた制度であり、名称は「子育て支援短期利用事業」である。利用対象に「児童の養育が一時的に困難となった家庭の児童、又は緊急一時的に保護を必要とする母子等で

159

市町村長（特別区の区長を含む）が認めたものとする」をすでに含んでいた。この制度は従来から長い間子どものみを預かるショートステイとして利用されていた。「子育て短期支援事業」と名称変更された現在、子どもだけのショートステイではなく「保護者のレスパイトケア、育児不安の解消や養育技術のための相談支援、育児・家事等の協働による保護者のエンパワメント支援、その他親子支援に資する取り組み」となって拡充され利用が可能となっている。

　これに対し緊張関係にある母子を一緒に預かった場合、家族への対応をおこなう専門職（たとえば心理職）がどのように関わっていくのか明確になっていないことや過去における事例の積み重ねが少ないため過去の事業の効果のエビデンスがはっきりしていないことである。

　また、この事業に産前産後のケアを含めるとするならば、産後ケア施設と同様の職員態勢をとる必要がでてくる。国は「拡充」と言うならばモデル事例やガイドラインを示し、積極的に支援する必要があるのではないか。

○子育ての孤立化が進むなかでこれからは伴走型がどうしても必要になってくる

　　［オンラインを含め参加型とともに支援者、支援機関がアウトリーチし、寄り添う形で伴走する。子育て短期支援事業（母子一体型ショートケアを含む）、産前教育・産後ケア、家庭訪問型子育て支援］

　産後1か月程度は「里帰り」して実家の母親の助けを受けながら子育てを学ぶ、母親として育っていく文化が我が国では伝統的におこなわれていた。現代は晩産化により実家の親も高齢者となり、なかには介護を必要とする者もいてとても当てにできない場合があり、この傾向は今後増えていくことは必至である。そこでこれに代わる子育てサポートが必要になってくる。その役目を果たすのが家庭訪問型子育て支援（ホームスタートなど）、デイステイ、母子一体型ショートケア、産後ケア事業である。特に訪問型子育て支援、ホームスタートについては実家や嫁ぎ先の家族が頼れない場合は、少なくともビジターが訪問し母親の話を受け止めながらいっしょに子育てをおこなうなかで母親としての自覚や自立を促していく大きな役割を担っている。

では家庭訪問型子育て支援は今、なぜ受け入れられているのか、ホームスタートを例にとってその理由を挙げてみると次のとおりである。

（1）自宅という日常的な環境の中で一緒になって子育てのコツが学べる。
（2）ビジターはボランティアであり訪問にかかる料金は発生しない。
（3）専門家としてではなく子育ての経験者という立場なので双方が自由に話しやすい。
（4）ボランティアとはいえ、ビジターは支援についてきちんとした研修を受けている。
（5）訪問支援だけでなく子育て支援センターなどのバックボーンを持ちそこでの経験が生かされる。
（6）この制度を受けることについてオルガナイザーが事前に訪問し確認している。
（7）訪問期間が限定されているので支援の見通しができる。

ビジターは、オルガナイザーというアドバイザーがついているので安心して支援をおこなうことができる。事業についての感想は「ホームスタート・こしがや」でコメントしたとおりである。

私は究極の子育て支援は家庭訪問型であるとは結論づけていないが、核家族が当たり前の時代になって、急に母親としての役割を背負わされた段階から子育ての責任をひとりで受け止めなければならないプレッシャーは相当なものである。このために孤立感を深めることは当然であり、現代の「子育て」の多くがそこからスタートしていくのだと感じた。そういった意味からも伴走型の子育て支援は必要であり、重要なポジションを占めていることは間違いない。

国は「異次元の少子化対策」を言うなら、子育て手当や減税をおこなうだけでなく、母親の子育てに「寄り添う」支援にももっと力を入れるべきである。たとえオンラインであっても、アドバイスを言葉で伝える相談だけでなく、教える側も模擬演技を入れて画面を通して教えるなど、双方向のやりとりにより実際に授乳、おむつを替える、赤ちゃんの抱き方、抱っこ紐の結び方、ベビーカーの扱い方、離乳食の与え方、リスク要因と回避の仕方、発熱時の対応、地

域の医療機関の情報等を具体的に教えることができる。

　介護保険制度の在宅3本柱のうち、ホームヘルプサービスに相当する家庭訪問型子育て支援は子育ての孤立化が深まってくるにつれ、子育て支援の個別性という観点からも今後需要が高まってくるのではないかと思われる。また、家庭訪問型子育て支援にも抵抗がある家庭に対しては、SNSやオンラインによる子育て不安の解消策もQ&A方式などの導入を組み合わせて文面による支援、音声によるもの、画像を通しておこなうものなど工夫により、さまざまなケアニーズに対応できることを検討すべきである。

産後ケアから産前教育・産後ケアへ──子ども家庭センターとの連携・協働は必須

　現代の子育て支援で求められていることは子育て支援の機会を単に増やすだけでなくの孤立化からどうやって脱却し参加をしていくか、あるいは参加しなくても自立してやっていけるかということではないか。そこに新しい制度としての子ども家庭センターがどのようにかかわっていくかである。この問題を解決していかなければならないプロセスは次の2つである。

産後の支援を充実させる

　まず、子育て支援を求める人たちのニーズに合わせ、支援がわかりやすくタイムリーに届けることが必要である。このためには宿泊型だけでなく訪問型、通所型のなかから選択したり、組み合わせて使えるようにする。その際、本人の希望だけでなく、産後ケア事業の終了前後の支援のあり方について、保健師など関係者の意見も踏まえながらおこなうことが望ましい。これに対して子ども家庭センターの役割が重要になってくる。子ども家庭センターは母子保健と子ども家庭福祉の機能を有している。長年懸案であった保育ソーシャルワークが今度こそ実現できるのではないかと大いに期待している。

　子育てをする特に母親にとっては子どもを授かるという未知の体験を上手く乗り越えるようにできるサポート態勢が社会の仕組みのなかにまんべんなくで

終章

きていくということである。
　たとえ、家に引きこもっていてもオンラインであるいは訪問支援を受けて子育ての自信がつけられるようにすることが大切だ。自信がついてくるなかで次のステップに移ることができる。このシステムを早急に整備する必要がある。
　家庭訪問型子育て支援事業、オンラインによる子育て支援、そして参加型の子育て支援へ切れ目のない支援をおこなうことのために子ども家庭センターの役割は大きい。

産前の支援をおこなう
　出産を迎える当事者にとって子育てに抵抗なく受入れる姿勢を持つことができることが大切である。あごら助産院でおこなわれていたパパ・ママクラスでは産前に両親となるカップルが集まって、情報交換をおこない新しく授かる命の大切さの思いを話し合うクラスを設けていた。
　家庭訪問型にしてもオンラインにしても妊婦のうちから知識やノウハウを学んでいくことは必要である。オンラインで授乳の仕方、抱き方、おむつの替え方、ベビーカーの使い方、抱っこ紐の結び方などを目で見て分かるように伝えることもできる。
　ふじみ野市上野台子育て支援センターでは隔月で「プレママのつどい」をプログラムとして取り入れており赤ちゃん人形を使った沐浴の仕方を実習している。また、保育園においても産前教育がおこなわれていることを紹介した。
　なお、各市町村の保健センターではいわゆる母親学級、父親学級、両親学級として産前教育がおこなわれている。これらはケアではなく教育である。もし産前において妊婦に精神的に不安定な状態が続けば前述した母子一体型ショートケアがその役割を持つことになる。
　また、産前教育に参加した妊婦のなかには、高齢出産でようやく妊娠したカップル、多胎児でバースコントロールが調整できずに妊娠してしまったカップルでは出産に対する思いや子育てについての決意は異なると思う。こういう点について今の気持ちをお互いに話すことによって、出産についての気持ちの整

163

理がつけられていく。そういう機会を設けることは必要である。さらに産後の育児についてどのようにおこなっていくのかを助産師や経験者の話を聴くことによりカップルが学習していく。このことは不適切な育児やひいては虐待に至らせないためにも重要なことである。

　また、東京都では社会福祉法人の認可保育園に対する保育サービス推進事業補助金の交付の窓口となっているが、約1,300か所に対し、育児不安の軽減として出産を迎える親の体験学習については3割程度の保育園が交付を受け実施している。

○産前教育から学齢期におけるいのちの教育、乳幼児とのふれあいへ繋ぐ
[いのちの教育、いのちの授業と保育体験]
　子育ての原点になる貴重な講話と赤ちゃんの抱っこ体験など、子どもたちに与えるインパクトは大きい。学校教育のなかで生命の誕生や成長、発達について継続的に学ぶことは命の尊さを知ることになり、自分を大切にするばかりでなく他者を思いやる気持ちを育むことに繋がる。切れ目のない支援とは産後ケアから始まる子育て支援だけでなく産前ケア、さらには学校教育の段階から子育ち、親育ちの教育をおこなっていくことが子育てにつながることになる。その思いを強くしたのは、授業を受けた子どもたちからの感想を知ったからである。埼玉県では総合的学習の時間に「親になるための学習」の授業をおこなっているが、独自の「親の学習プログラム集」を県教育局が作成し活用されている。また講師についても指導者養成講座を設けている。
　前述の東京都保育サービス推進事業補助金のうち次世代育成支援として小中高生の育児体験については4割程度の保育園が交付を受け実施している。

○最後の切り札とも言える「こども誰でも通園制度」の実施がもたらす影響と「親子保育」の導入
　「こども誰でも通園制度」がこども未来戦略方針のなかで示された。その利用の中心となるところは保育園である。保育園は、もともと日中家庭で子ども

の世話ができないために利用されてきた施設である。しかし、今回の法改正によりそのバリアが時間制限を受けながらもフリーとなった。この方法により少子化の進行が食い止められると国は考えているのだろうか。メリット、デメリットを十分に考慮していく必要がある。

　まずメリットとして考えられるのは、子育ての孤立化を防ぎ子育ての負担が減ることである。デメリットとして考えられることは、保護者によっては育児放棄としつけの丸投げが起こりはしないかとの懸念がある。この点についてはあまり触れられていない。保育所保育指針では、保育は家庭と保育園が協働しておこなうとしている。この基本姿勢は守るべきである。また、新制度の導入による既存のクラスとの関係、保育士の確保も十分対応できるようにしていかなければならない。地域子育て支援拠点事業においても、この制度を導入するならそれ相応の人員態勢とプログラムの見直しが必要である。また、親は保育園でどんな保育をおこなっているか、常に関心を持ち家庭での育児の参考とすべきである。国が示す試験的な事業の具体的な指針の中で「初回などに『親子通園』も」とあるがこれは当然であって、「ならし親子保育」だけでなく一定の期間「親子保育」をおこない「親育ち」の機会を設けることが必要である。子ども・子育て支援法第2条において「子ども・子育て支援は父母その他の保護者が子育てについて第一義的責任を有する」と規定しているこのことを踏まえた「こども誰でも通園制度」でありたい。

○取材を受けていただいた方の子育て支援への思い ── 「子育て支援」とは何か

　数々の子育て支援にたずさわり経験してきた施設長さん方は子育て支援について何を思い、どう捉えているのか。取材の中で語ってくれたことを私なりに要約して改めて紹介する。含蓄のある言葉が含まれている。

子育て支援センターにし（加藤さん）
　私たちにできることはごくわずかな支援である。その中で親御さんの思いに

寄り添い、話し相手になることが何より求められている。子どもを育てるということは人間を育てることだ。

子育て支援センターみぬま（関さん）
　子どもが生まれ、育てることの大変な気持ち、不安な気持ちを受け止めながら、誰もが子育ては嬉しいと思えるようにすること。子育てをおこなう人の誰もがその人の願う子育てができるようにすること。

じおんじ子ども食堂（山角さん）
　ここへ来てみんなに会えること、いざというとき助ける力が発揮できること、人と人との繋がりが最大の魅力である。

こども食堂らいおんの会（ひだかさん）
　生活に困窮している家庭の子どもや孤食をしている子どもに限らずどんな子どもでも利用できるようにしたい。ここは家庭でも、学校でもない子どもにとって第三の居場所にしたい。

病児保育室「ぴゅあ」（大浦さん）
　子どもが安心して過ごし笑顔で帰れることが、親御さんの支援に繋がることである。

あゆみ学園（丑久保さん）
　児童養護施設は今、被虐待児、知的障害、発達障害を抱える子どもが増えている。これに対して福祉、教育、医療を一体的におこなうことが、社会的養護の施設における支援には欠くことができないものである。

子供の町（坂本さん）
　理念の一つに「地域の親子に寄り添う施設づくり」を掲げている。多くの子

どもたちやその背景に向き合ってきた専門性を地域のニーズに対しても活用できるのではないか。模索していきたい。

児童養護施設いわつき（山本さん）
　地域の様々な関係機関と繋がりながらニーズ等の情報収集をおこないつつ、施設の持つノウハウや専門職等の人的資源を活用した地域の子育て支援に貢献していきたい。

地域子育て支援センター二葉（吉野さん）
　センターは実家のように感じてもらえる存在であると考えているが、子育て支援を地域と子育て家庭を繋げる場所だと捉えている。母親と話していると家庭のさまざまな話が出てくる。支援をおこなう立場の者は皆ソーシャルワークの視点が必要である。

越谷市あごら助産院（渡辺さん）
　同じ内容の話をするにしても、家族や実家の親が話すよりも専門家としての助産師の立場からの経験知が母親の心の中に届くことがある。そういう意味での役割は助産師は持っている。

ふじみ野市子育て支援センター（細田さん）
　子育て支援とは子育てを単に手伝うのではなく、親子に寄り添い悩みを共有し、共感し「子育て・子育ち・親育ち」を基本に子育て力を高める「親育て」をすることである。

長瀞町健康子ども課（坂上さん）
　さまざまなニーズを持った相談者に対し色々な選択肢を用意すること。

某保育園（園長先生）
　子育てをすることで子どもが可愛いと思えるようになり、子育てに幸せを感じて欲しいという思いがある。「日々どう支援したら良いのか」を考えながら子育て支援に繋がる役割を模索している。

ホームスタート・こしがや（近澤さん）
　親が子どもに温かいまなざしを向けながら、その人らしい子育てができるように支えていく活動。

乳児院さまりあ　川染さん
　施設は常に地域と繋がっている。だから自分たちは地域に出ていってカンファレンスに参加している。地域の支援者も施設に来てほしい。そして施設のこと子どものことを知ってほしい。そこではじめてつながりができる。親が相談を拒否する例を見てきた。施設に子どもを盗られたという関係性を感じた。そうでない関係性を地域とともにつくっていきたい。

○学齢期からの「切れ目のない子育て支援」が必要になってくる時が迫っている
　何度も記述したようにもう子育てに実家の親は当てにならない。
　国はこれまで様々な母子保健施策をおこなってきた。また総合的に推し進めるために平成29年4月の母子保健法改正により子育て世代包括支援センターがつくられた。しかし、令和2年8月の「産前・産後事業ガイドライン及び産後事業ガイドラインの改定について」のなかで「親を頼れない妊産婦が少なからずいる」ことを認めた。母子保健部門だけでは問題解決が十分ではないことがわかり、子ども家庭福祉部門を包括し、より機能強化した「子ども家庭センター」に今変わろうとしている。
　従来型の健診業務や訪問業務中心ではなく、今や該当するすべての子育て世帯に対してソーシャルワークによる切れ目のない支援がおこなえるような態勢が必要となっている。

学校教育と産前教育が保育のなかで結びついた事例を紹介した。これこそが切れ目ない支援の完成型に近づく姿といえるのではないだろうか。

子育て支援は横（地域）への広がりばかりでなく縦（各世代）として捉えていく必要がある。そのためには時系列のなかでも「いつ、どこで、誰が、なにを支援するか」として捉えていかなければならない。

○子育て世帯への切れ目のない支援

学校教育 ⇒ 産前教育 ⇒（産後ケア）⇒ 家庭訪問型子育て支援 ⇒ 参加型子育て支援
　　　　　　あるいは　　　　　　　　　　　　　　　　　　　　　あるいは
　　（母子一体型ショートケアにおける産前ケア）　　　　　　　　こども誰でも通園制度

いつ	どこで	誰が	なにを
小中高	学校、保育園	助産師、保健師、養護教諭	いのちの大切さ、子育て体験
産前	保健センター、助産院、病院、子育て支援センター	助産師、保健師、医師、管理栄養士、出産体験者	妊娠中の健康管理及び栄養管理、パートナー教育
産後	保健センター、助産院、病院、子育て支援センター	助産師、保健師、医師、管理栄養士、出産体験者、ソーシャルワーカー、心理	新生児、乳児、幼児の発達、健康状態、栄養状態、パートナー教育
乳幼児期（家庭訪問型）	自宅	保健師、保育士、研修を受けたボランティア	母子の健康状態、育児体験の共有、参加型への導入
乳幼児期（参加型）	保育園、認定こども園、児童館、子育て支援センター	保育士、ボランティア、その他子育て支援技術を持つ者	エンパワメントができるようにする

注：どこで、誰が、なにをについては主なものを挙げた。

○親子分離から親子保護、ケアへ

従来の一時保護やショートステイは子どもだけを分離しておこなうものであった。しかし、全国社会福祉協議会の特別委員会報告書「『乳幼児総合支援センター』～乳児院の包括的なアセスメントを活かす支援体制～」（令和6年5月）では親子を一緒に保護したり産後ケアをおこなうことについて触れてい

169

る。親子の関係性をリアルにアセスメントができ、より適切なケアが可能となるメリットがある。今後はこのような方式を選択するケースも必要となってくるだろう。

○ **「『地域とともに歩む』子育て支援」とは何か**
　子育て支援は家族共同体のなかでおこなわれる「自助」の時代から、地域からの支援を受けておこなわれる「共助」の時代に変わった。
　取材を重ね、書き進んでいくうちに題名の接頭語「地域とともに歩む」という言葉の持つ意味が次第に鮮明になってきた。このフレーズはこの本のキーワードになっている。さらにこのキーワードの核心の部分は「ともに歩む」という言葉に尽くされている。つまり、お互いが相手を知ることから始まり、相手のペースに合わせていくその相互の営みが肝心であることが込められている。そのことは「乳児院さまりあ」の川染施設長の言葉にも表れている。「地域とともに歩む」とは常に相談者のニーズを把握しながら現状の見直しと改善が「切れ目のない支援」に繋がり、その結果として地域との「連携・協働」が広がっていくことになる。
　地域があって子育て支援がおこなわれることを忘れてはならない。

あとがき

　この本を執筆したきっかけは前作である拙著『進化する児童相談所』(明石書店、2023年11月) を刊行したなかで児童虐待防止 (再発防止を含む) は早期発見、早期対応が重要であることを改めて認識したことによる。そのためには乳幼児期からの「子育て支援」をおこなうことがとても大切であると思ったからである。さらに児童養護施設においてはインケアからリービングケア、アフターケアの切れ目のない支援の重要性に改めて気づいたことも関係している。

　また、児童養護施設あいの実の関根施設長から新たに乳児院を設立したこと、児童養護施設江南の出前でおこなう相談や心理的ケアの新しい取り組みの情報を教えていただいたこともこの本を書くことの動機づけになっている。そしてあゆみ学園の理事長兼施設長で埼玉県児童福祉施設協議会の会長である丑久保氏から県内外の施設の状況や貴重な資料を提供していただき本をつくるうえでとても役に立った。

　取材を進めていくうちに「抱っこ紐の結び方がわからない」「ベビーカーに乗せたことがないので一緒にやってほしい」「どうやって遊ばせたら良いのかわからない」「外で遊ばせたことがない」「誰かが側にいてくれたほうが心強い」等々は訪問型子育て支援で支援者がよく聞く話であることがわかった。そして、家庭訪問がそこまで感謝されるとは思っていなかったことに驚き、この役割を引き受けて良かったとの感想を支援者が述べている。ほかの伴走型支援でも聞かれた話である。この現実は一体何だろう。「子育ての孤立」の一端を垣間見たということか。そこまで孤立感が深まっていることをこの本を執筆するなかで知った。それにしても驚くべき話ではないか。

　子育てにとって長期的には経済的支援は必要なものである。しかし、未就学

児、特に0～3歳未満の子育てについては何よりも側についていて見守ってくれる人がいることで子育ての安心、安全の保障が得られることになるのではないか。

　ここに『大きくつよく美しく育児の手帖』という本がある。この本は今を去ること半世紀以上前に出版された育児体験記である。この本には当時助産婦であった佐々木かのゑさんによってとりあげられた子どもの成長ぶりについて、そして親の気持ちが綴られている。戦後間もない頃、分娩設備も十分でない時代に自宅や産院で女性は命をかけて出産したことだろう。こういった環境のなかで多くの子どもたちがその後ベビーブームと言われ、そして現在は団塊の世代として生き抜いてきた。そして上り坂の日本の社会をリードし支えてきた。これに対して現代はまさに真逆の社会となっている。このままでいくと生産年齢人口の減少を補い労働力を確保するために日本は移民国家に移行しなければならなくなる。政府は必死になって少子化対策を進めているが限られた財源のなかで、子育てのどの局面に財源を投入していくかを中・長期的によく考えてみる必要がある。新しいプランはもう単なる文言の並べ替えであってはならない。小・中・高生のうちから出産や命の大切さと子育てを自然に学んでいく積み重ねが求められると同時に少子国家としてのあり方も一方では模索していく必要がある。国民のコンセンサスと政府の覚悟が必要だ。

　私としては子育て支援のメニューを取りそろえ、満腹感の味わえる本づくりを目指したつもりである。読者の皆さんにとって読後はしばらく「子育て支援」という言葉を聞くのも結構ですと言わせたかったが、いかがであろうか。

　結びに、この本をつくるにあたってさまざまな子育て支援をおこなっているところに話を聞きに行きご多忙中にもかかわらずご協力を賜った関係者の皆様には改めて感謝とお礼の言葉を述べたい。また本の題名をつけるにあたって明石書店取締役編集部長の安田氏からご助言をいただき決まったものであることに謝意を表したい。

参考文献・資料

朝日・読売・毎日・日経・東京各新聞2024年6月6日朝刊「合計特殊出生率、出生数関連記事」．
一般社団法人さいたま市子ども食堂ネットワーク「わいわいSDGs」2024年3月．
医療法人若杉会病児保育室ピュア「病児保育室のご案内」パンフレット．
医療法人若杉会「医療型短期入所施設南平野クリニック」パンフレット．
NPO法人子育てサポーター・チャオ「ちゃお！ 通信」Vol.222, 2024年3月号．
太田市教育委員会「外国人児童のためのプレスクール・保護者向けオリエンテーション実施要綱」．
太田市教育委員会学校教育課「外国人児童のためのプレスクール教科書、保護者オリエンテーション資料」．
大津康子『児童家庭福祉［第3版］：子どもと家庭を支援する』ミネルヴァ書房, 2018年3月．
大原社會問題研究所編纂（大正9年）「日本社会事業年鑑」文生書院, 62頁．
春日部市こども未来部こども相談課「春日部市産後ケア事業（宿泊型）のご案内」．
春日部市「ママパパ学級のご案内」．
企画展「養育院—福祉・医療の原点をさぐる—」渋沢資料館, 2000年10月21日～11月26日．
北区子ども食堂ネットワーク「北区の子ども食堂ガイド」．
北場勉『戦後『措置制度』の成立と変容』法律文化社, 2005年4月30日．
厚生労働省「産前・産後サポート事業ガイドライン及び産後ケア事業ガイドラインの改定について」子母発0805第1号, 令和2年8月5日．
厚生労働省「児童館の設置運営について」平成2年8月7日児発123第967号局長通知．
厚生労働省「平成21・22年度児童養護施設一覧」．
厚生労働省「平成27年版厚生労働白書—人口減少社会を考える—」．
厚生労働省新たな社会的養育の在り方に関する検討会「新しい社会的養育ビジョン」平成29年8月2日．
厚生労働省児童家庭局長通知「子育て支援短期利用事業について」平成7年4月3日．
厚生労働省雇用均等・児童家庭局長「子育て短期支援事業の実施について」平成15年6月18日．
こども家庭庁「こども未来戦略方針～次元の異なる少子化対策の実現のための『子ども未来戦略』の策定に向けて～」令和5年6月13日．
こども家庭庁「こども大綱」令和5年12月22日．
こども家庭庁「『こども未来戦略』～次元の異なる少子化対策の実現の実現に向けて～」令和5年12月22日．
こども家庭庁「地域子育て支援拠点事業の実施について」こども家庭庁成育局長令和6年3月30日．
こども家庭庁「こども誰でも通園制度（仮称）の本格実施を見据えた試行的実施の在り方に関する検討会」．
こども家庭庁「児童館ガイドラインの改正について」第1回児童厚生施設及び放課後児童クラ

ブに関する専門委員会 資料2-1.
子供の町給食レシピ「愛と夢の料理」.
埼玉県児童福祉施設協議会「令和5年度基本調査集計表」令和5年7月11日最新版.
埼玉新聞「実家の味いつでも」令和6年5月2日.
財団法人日本児童福祉協会「児童保護措置費、保育所運営費手帳—平成19年度版—」平成19年.
佐藤純子・今井豊彦編著『早わかり 子ども・子育て支援新制度：現場はどう変わるのか』ぎょうせい, 2015年1月.
児童養護施設「いわつき施設概要」平成30年10月1日、令和2年8月1日、令和5年4月1日.
児童養護施設「江南」施設紹介.
児童養護施設「江南」心理療法担当による「地域支援について」.
社会福祉法人北区社会福祉協議会「令和3〜4年度コミュニティソーシャルワーカー活動報告書」令和5年6月.
社会福祉法人あゆみ会「2022（令和4年度）事業計画及び2023（令和5年度）事業計画（案）」児童養護施設あゆみ学園.
社会福祉法人北区社会福祉協議会「子ども・若者応援基金2022年度実施報告書」.
社会福祉法人子供の町「児童養護施設子供の町、児童養護施設エンジェルホーム施設概要」2023年度版.
社会福祉法人全国社会福祉協議会『『乳幼児総合支援センター』〜乳児院の包括的なアセスメントを活かす支援体制〜」特別委員会報告書, 令和6年5月.
社会福祉法人全国社会福祉協議会全国乳児福祉協議会「『乳幼児総合支援センター』をめざして」乳児院の今後のあり方検討委員会報告書, 令和元年9月.
社会福祉法人全国社会福祉協議会全国乳児福祉協議会「全国乳児福祉協議会 特別委員会 中間報告書」令和5年5月.
社会福祉法人二葉保育園「地域子育て支援センター二葉」.
社会福祉法人二葉保育園「二葉乳児院」冊子.
社会福祉法人二葉保育園「二葉乳児院」パンフレット.
「診療所 子供の町クリニック」パンフレット.
全国児童養護施設協議会「今後の児童養護施設に求められるもの」（児童養護施設のあり方に関する特別委員会の最終報告書）令和3年3月.
全国児童養護施設協議会「児童養護施設が担う機能と今後の展望・展開」（児童養護施設からの提言特別委員会最終報告書）令和5年3月.
全国乳児福祉協議会「全乳協30年史—乳児院30年のあゆみ—」.
大京学園「こども子育て支援センター親子保育（1歳〜3歳）育児相談・子育て相談」パンフレット.
大京学園こども支援センター「相談のご案内」パンフレット.
第41回あゆみ学園祭 令和5年11月3日（金）プログラム.
東京都大田区「大田区母子一体型ショートケア事業実施要綱」こ家セ発第12359号区長決定令和5年3月2日.
東京都港区子ども家庭支援センター令和5年度報.
東京都福祉保健局少子社会対策部保育支援課保育助成担当「東京都保育サービス推進事業補助金の概要について」令和5年10月18日版.
東京都養育院「東京都養育院史120年史」1995年, 308頁.
東大カルパ・ディエム『外国人しか知らない日本の観光名所』星海社, 2024年7月.

参考文献・資料

内閣官房こども家庭庁設立準備室「こども・子育ての現状と若者・子育て当事者の声・意識」令和5年1月19日.
長瀞町・長瀞町教育委員会「地域の子ども達を地域で育てよう！」.
長瀞町健康こども課「子育て相談を実施しています」他.
長瀞町健康こども課「多世代ふれ愛ベース長瀞へようこそ」.
長瀞町健康こども課「令和5年度子育て相談事業計画」他.
東岩槻区社会福祉協議会「社協だより東岩槻No36ささえあいニュース」第6回書き初め教室「冬休み宿題教室」.
平野恵久「児童養護における『経営』について―児童養護施設の新しい経営のあり方を求めて―」埼玉大学大学院経済科学研究科, 平成24年3月.
平野恵久『ルポ 多文化共生保育は今』東京図書出版, 2022年.
平野恵久『進化する児童相談所：地域とともに歩むアウトリーチ型の連携・協働をめざして』明石書店, 2023年11月.
ふじみ野市「子育て支援拠点マップ」パンフレット.
ふじみ野市「訪問型子育て支援」パンフレット.
ふじみ野市立子育て支援センター「うえのだい5月号」パンフレット.
ホームスタート・二葉「家庭訪問型子育て支援 新宿区委託事業 ホームスタート」パンフレット.
ホームスタート・二葉「家庭訪問型子育て支援 ホームスタート」パンフレット.
港区子ども家庭支援部子ども家庭支援センター子ども家庭サービス係「港区産前産後家事・育児サービスのご案内」令和6年4月1日現在.
文部科学省検定済教科書『技術・家庭 家庭分野：生活の土台 自立と共生』開隆堂, 2020年2月.
文部科学省検定済教科書『わたしたちの家庭科5・6』開隆堂, 2023年3月.
文部科学省検定済教科書『家庭基礎：気づく力 築く未来』実教出版, 2024年1月.

◎著者紹介

平野 恵久（ひらの・よしひさ）
東京都出身。昭和47年埼玉大学教育学部卒業。埼玉県に入職（心理職）。埼玉県中央児童相談所をはじめとして児童相談所、精神衛生センター、婦人相談所、障害者リハビリテーションセンター、県本庁児童福祉課、同福祉施設監査員、保健所、福祉保健総合センターを歴任し、平成15年さいたま市児童相談所長、平成17年埼玉県社会福祉事業団児童養護施設いわつき施設長及びいわつき乳児院施設長、平成19年埼玉県南児童相談所長、平成21年定年退職。退職後は埼玉県社会福祉協議会経営相談員、平成24年埼玉大学大学院経済科学研究科博士前期課程修了（修士）、福祉専門学校講師を経て現在に至る。
著書には『ルポ 多文化共生保育は今』（東京図書出版、2022年）、『進化する児童相談所：地域とともに歩むアウトリーチ型の連携・協働をめざして』（明石書店、2023年）がある。

地域とともに歩む子育て支援
——いつ、どこで、誰が、なにを支援するか

2024年11月26日　初版第1刷発行

　　　　　　　　　　　　著　者：平野　恵久
　　　　　　　　　　　　発行者：大江　道雅
　　　　　　　　　　　　発行所：株式会社　明石書店
　　　　　　　　　　　　　　　〒101-0021
　　　　　　　　　　　　　　　東京都千代田区外神田6-9-5
　　　　　　　　　　　　　　　TEL 03-5818-1171
　　　　　　　　　　　　　　　FAX 03-5818-1174
　　　　　　　　　　　　　　　https://www.akashi.co.jp/
　　　　　　　　　　　　　　　振替 00100-7-24505

装丁：金子　裕
組版：朝日メディアインターナショナル株式会社
印刷・製本：モリモト印刷株式会社

(定価はカバーに表示してあります)　　　　　　　ISBN 978-4-7503-5846-8

JCOPY〈出版者著作権管理機構　委託出版物〉
本書の無断複製は著作権法上での例外を除き禁じられています。複製される場合は、そのつど事前に、出版者著作権管理機構（電話03-5244-5088、FAX 03-5244-5089、e-mail: info@jcopy.or.jp）の許諾を得てください。

子どもアドボカシーQ&A
30の問いからわかる実践ガイド
栄留里美編著
◎2200円

子どものウェルビーイングとひびきあう
権利、声、「象徴」としての子ども
山口有紗著
◎2200円

児童福祉司研修テキスト
児童相談所職員向け
金子恵美編集代表　佐竹要平、安部計彦、
藤岡孝志、増沢高、宮島清編
◎2500円

日本の児童相談所
川松亮、久保樹里、菅野道英、田﨑みどり、
田中哲、長田淳子、中村みどり、浜田真樹編著
◎2600円

子ども家庭支援の勘ドコロ
子ども家庭支援の現在・過去・未来
事例の理解と対応に役立つ6つの視点
川畑隆著
◎2500円

保育者のための専門職倫理ハンドブック
事例から学ぶ実践への活用法
亀崎美沙子、鶴宏史、中谷奈津子著
◎2200円

別居・離婚後の「共同親権」を考える
子どもと同居親の視点から
熊上崇、赤石千衣子編著
◎2400円

産前からの親準備教育のススメ
二人でともに親になるために
柴田俊一編著
◎2200円

知識・技能・教養を育むリベラルアーツ
公立高校社会科入試問題から読み解く社会の姿
小宮山博仁著
◎2500円

イタリア・ピストイアの乳幼児教育
子どもからはじまるホリスティックな育ちと学び
星三和子著
◎3000円

スウェーデンの優しい学校
FIKAと共生の教育学
戸野塚厚子著
◎2200円

北欧の教育再発見
ウェルビーイングのための子育てと学び
北欧教育研究会編著
中田麗子、佐藤裕紀、本所恵、林寛平、
山本恒雄著
◎2200円

子ども虐待ソーシャルワーク実践ガイド
子どもの安全と養育支援のマネジメントとアセスメント
山本恒雄著
◎2600円

公的ケアからの養子縁組
欧米9ヵ国の児童保護システムから子どもの最善の利益を考える
タルヤ・ポソ、マリット・スキヴェネス、ジュン・ソバーン編著
西郷民紗監訳　海野桂訳
◎4300円

子ども虐待・子どもの安全問題ソーシャルワーク
マネジメントとアセスメントの実践ガイド
山本恒雄著
◎2600円

スクールソーシャルワーク実践スタンダード【第2版】
実践の質を保証するためのガイドライン
馬場幸子著
◎2200円

〈価格は本体価格です〉

よい教育研究とはなにか
流行と正統への批判的考察
ガート・ビースタ著
亘理陽一、神吉宇一、川村拓也、南浦涼介訳
◎2700円

「多様な教育機会」をつむぐ
公教育の再編と子どもの福祉①《実践編》
ジレンマとともにある可能性
森直人、澤田稔、金子良事編著
◎3000円

「多様な教育機会」から問う
公教育の再編と子どもの福祉②《研究編》
ジレンマを解きほぐすために
森直人、澤田稔、金子良事編著
◎3000円

子ども若者の権利とこども基本法
子ども若者の権利と政策①
末冨芳編著　末冨芳、秋田喜代美、宮本みち子監修
◎2700円

子ども若者の権利と学び・学校
子ども若者の権利と政策③
末冨芳編著　末冨芳、秋田喜代美、宮本みち子監修
◎2700円

若者の権利と若者政策
子ども若者の権利と政策④
宮本みち子編著　末冨芳、秋田喜代美、宮本みち子監修
◎2700円

学校の時数をどうするか
現場からのカリキュラム・オーバーロード論
大森直樹編著　永田守、水本王典、水野佐知子著
◎2400円

海外の教育のしくみをのぞいてみよう
日本、ブラジル、スウェーデン、イギリス、ドイツ、フランス
園山大祐編著
◎3000円

創造性と批判的思考
学校で教え学ぶことの意味はなにか
OECD教育研究革新センター編著
西村美由起訳
◎5400円

社会情動的スキル
学びに向かう力
経済協力開発機構(OECD)編
ベネッセ教育総合研究所企画・制作
無藤隆、秋田喜代美監訳
◎3600円

教育の経済価値
質の高い教育のための学校財政と教育政策
経済協力開発機構(OECD)編
赤林英夫監訳　濱田久美子訳
◎4500円

こころの発達と学習の科学
デジタル時代の新たな研究アプローチ
OECD教育研究革新センター編　畠岩晶、篠原真子、篠原康正訳
◎4500円

学習環境デザイン
革新的教授法を導く教師のために
パトリシア・K・クールほか編著
OECD教育研究革新センター編
冨田福代監訳　篠原康正、篠原真子訳
◎3500円

公正と包摂をめざす教育
OECD「多様性の持つ強みプロジェクト報告書」
経済協力開発機構(OECD)編著　佐藤仁、伊藤亜希子監訳
◎5400円

社会関係資本
現代社会の人脈・信頼・コミュニティ
ジョン・フィールド著
佐藤智子、西塚孝平、松本奈々子訳　矢野裕俊解説
◎2400円

「教育輸出」を問う
日本型教育の海外展開(EDU-Port)の政治と倫理
高山敬太、興津妙子編著
◎4500円

〈価格は本体価格です〉

進化する児童相談所
地域とともに歩むアウトリーチ型の連携・協働をめざして

平野恵久 ［著］

◎A5判／並製／196頁　◎2,600円

社会や家族の変容は児童相談所に何をもたらしてきたのか。児童相談所やその他の機関、団体への綿密な取材をもとに、家族再統合や自立支援、虐待対応など、取り組むべき喫緊の課題と現状をリアルに伝え、今なお進化し続ける激動期の児童相談所の姿を映し出す。

《内容構成》
序章　児童相談所とは、児童相談所の現状

第Ⅰ部　児童相談所小史
第1章　戦後から現在に至るまでの児童相談所と児童虐待の変遷
第2章　児童相談所運営・実務マニュアルの変遷からみる児相史
第3章　過去と現在の児童相談所に寄せられる相談内容から読み取れるもの

第Ⅱ部　変化を迫られる児童相談所から進化する児童相談所へ
第4章　虐待通告と介入
第5章　家族再統合事業：単に家庭に戻すのではなく地域に戻すという視点
第6章　大都市部においてセンター化する児童相談所
第7章　新しい児童相談所は何をめざしているか：東京都特別区児童相談所
第8章　地域の社会資源との連携・協働
第9章　地域の施設を活用する：親子ショートステイ・ショートケア
第10章　一時保護中の子どもの権利擁護と心理教育
第11章　司法関与のあり方
第12章　これからの児相は何をめざすべきか：現状と課題

〈価格は本体価格です〉